Yvonne Wagner

Kita-Konzeptionen schreiben leicht gemacht

- **Formulierungshilfen**
- **Gestaltungsvorschläge**
- **Ideen zum Weiterentwickeln**

Textwerkstatt für Erzieherinnen

Verlag an der Ruhr

Impressum

Titel

Textwerkstatt für Erzieherinnen
Kita-Konzeptionen schreiben leicht gemacht
Formulierungshilfen, Gestaltungsvorschläge, Ideen zum Weiterentwickeln

Autorin
Yvonne Wagner

Titelbildmotive
© Kenishirotie, shutterstock.com; margouillat photo, shutterstock.com

Fotos im Innenteil
Yvonne Wagner und siehe Bildnachweise auf S. 94

Illustrationen im Innenteil
Natascha Welz

Umschlaggestaltung
Magdalene Krumbeck

Innengestaltung
Margit Dittes

Lektorat
Katia Simon

Verlag an der Ruhr
Mülheim an der Ruhr
www.verlagruhr.de

Unser Beitrag zum Umweltschutz

Wir sind seit 2008 ein ÖKOPROFIT®-Betrieb und setzen uns damit aktiv für den Umweltschutz ein.
Das ÖKOPROFIT®-Projekt unterstützt Betriebe dabei, die Umwelt durch nachhaltiges Wirtschaften zu entlasten.
Unsere Produkte sind grundsätzlich auf chlorfrei gebleichtes und nach Umweltschutzstandards
zertifiziertes Papier gedruckt.

© **Verlag an der Ruhr 2014,** Nachdruck 2017
ISBN 978-3-8346-2532-8

Printed in Germany

Inhalt

Inhalt

1. Einleitung –
Jetzt müssen wir auch noch eine Konzeption schreiben!

„Wie arbeiten Sie eigentlich?"

„Haben alle Mitarbeiterinnen Ihrer Kita dieselben Vorstellungen von Erziehung und Bildung?"

„Setzen alle Teammitglieder die theoretischen Ideale auch praktisch um?"

Solche gezielten Fragen stellen Ihnen die Eltern, die ihr Kind anmelden, vermutlich eher selten. Spätestens aber, wenn Sie eine neue Mitarbeiterin einstellen, sollten Sie die Antworten darauf kennen. Dafür benötigen Sie eine aktuelle Konzeption – vom Team gemeinsam erarbeitet, formuliert und aufgeschrieben.

„Jetzt müssen wir auch noch eine Konzeption schreiben!"

Diese Reaktion ist von den Kolleginnen zu erwarten, die mit den alltäglichen Arbeiten in der Kita ohnehin schon mehr als überlastet sind. Eine umfangreiche, schriftlich zu verfassende Konzeption erscheint da wie ein unbezwingbarer Berggipfel. Doch es gibt Seile, an denen man sich entlanghangeln kann, um schließlich die Aussicht von oben zu genießen. Solche „Seile" in Form von Anleitungen und Anregungen finden Sie in diesem Buch.

Ich möchte Ihnen zeigen, dass es eine Bereicherung für die Arbeit in der Kita und das Team ist, eine Konzeption zu schreiben, und es durchaus Freude bereiten kann, diese zu erarbeiten.

Zum Umgang mit diesem Buch

„Singen kann doch jeder", heißt es. Doch den richtigen Ton zu treffen, ist gar nicht so einfach. Genauso verhält es sich mit dem Schreiben. Lesbare Sätze können Sie bestimmt formulieren. Während Ihrer Ausbildung zur Erzieherin, Kinderpflegerin oder sozialpädagogischen Assistentin haben Sie gelernt, Berichte zu schreiben und Angebote auszuarbeiten. Aber hat Ihnen immer gefallen, was Sie formuliert haben? War das Feedback so, wie Sie es erhofft hatten? Und vor allem: Hat es Ihnen Spaß gemacht, zu schreiben?

Dieses Buch soll Ihnen dabei helfen, Sicherheit zu gewinnen und Spaß am Schreiben zu finden. Es ist in **vier große Teile** gegliedert:

In **Kapitel 2** vermittle ich Ihnen zunächst ein paar Grundlagen über Konzeptionen.

Das **Kapitel 3** führt Sie mit zahlreichen Tipps und Schreibspielen mit Vergnügen heran, selbst zu schreiben, und nimmt Ihnen die Scheu davor, sachlich, fachlich und verständlich zu formulieren.

Kleine Spiele und Übungen helfen Ihnen und Ihren Kolleginnen, sich zu lockern und die Aufgabe nicht mehr als große Hürde, sondern als selbstverständlichen Teil Ihrer Arbeit anzusehen.

Wenn Sie Formulieren üben, lernen Sie Ihre eigene Art kennen, zu formulieren. Sehen und hören Sie genau hin und merken Sie, wie Sie mit Ihren geschriebenen Wörtern tatsächlich „sprechen" können. Je mehr Sie dieser „Stimme" zuhören, desto besser werden Ihre Texte.

Trauen Sie sich schließlich ans Schreiben heran, hilft Ihnen das Buch in **Kapitel 4,** einen gemeinsamen Weg im Team zu finden, um Ihre Ideen zu sammeln und zu strukturieren.

Kapitel 5 zeigt Ihnen schließlich, wie Sie Ihre Konzeption ausformulieren und ein gelungenes Layout gestalten. Beispiele unterstützen Sie dabei, eine eigene Konzeption neu zu erstellen oder die bestehende zu perfektionieren.

Ich wünsche Ihnen nun viel Freude beim Lesen und gutes Gelingen dabei, Ihre eigene Kita-Konzeption zu formulieren!

Ihre

Yvonne Wagner

Die Konzeption

2. Einblicke in das Arbeitsfeld Kita

Konzept und Konzeption

Theoretische Vorkenntnisse

Beginnen Sie als Erzieherin in einer neuen Kita, müssen Sie zunächst herausfinden, wie die neuen Kolleginnen arbeiten. Sie lernen die täglichen **Abläufe** kennen und erleben, welche **Methoden** in der Einrichtung angewendet werden. In **Zusammenarbeit** mit den Kolleginnen erfahren Sie auch, welche **pädagogische Haltung** die einzelnen Erzieherinnen haben und wie sie den **Bildungs- und Erziehungsauftrag** umsetzen. Diese Phase dauert einige Wochen.

Zeit, die Sie als anstrengend erleben, weil sich keine Arbeitsroutine einstellt und weil Sie über so vieles nicht Bescheid wissen. Ständig müssen Sie fragen, beobachten und wieder fragen. Sie sind unsicher, ob Sie auch alles bemerken und verste-hen. Gleichzeitig versuchen Sie, Ihre Persönlichkeit und Ihr Ideal von Erziehung und Bildung in die Arbeit mit einzubringen. Wäre es nicht viel einfacher, Sie hätten schriftliche Informationen rund um die Kita und die pädagogische Arbeit der Mitarbeiterinnen? Eine Konzeption – sofern sie aktuell ist – bietet Ihnen diesen Einblick und erleichtert damit den Einstieg in den neuen Arbeitsplatz.

Nach §22a des KiFoeG muss jede sozialpädagogische Einrichtung eine Konzeption erarbeiten. Diese Richtschnur ist für alle pädagogischen Mitarbeiterinnen einer Kindertagesstätte verbindlich. Eltern können sich daran orientieren und so die **Qualitätsstandards** der Institution überprüfen.

Sozialgesetzbuch (SGB) – Achtes Buch (VIII) – Kinder- und Jugendhilfe – (Artikel 1 des Gesetzes v. 26. Juni 1990, BGBl. I S. 1163)

„§ 22a Förderung in Tageseinrichtungen

Die Träger der öffentlichen Jugendhilfe sollen die Qualität der Förderung in ihren Einrichtungen durch geeignete Maßnahmen sicherstellen und weiterentwickeln. Dazu gehören die Entwicklung und der Einsatz einer pädagogischen Konzeption als Grundlage für die Erfüllung des Förderungsauftrags sowie der Einsatz von Instrumenten und Verfahren zur Evaluation der Arbeit in den Einrichtungen."

Aus: http://www.gesetze-im-internet. de/sgb_8/__22a.html, Bundesministerium der Justiz

Lesen Sie dazu auch die Informationen zu Gesetzen auf S. 15.

Argumente für Gruppenstrukturen und Erläuterungen für das pädagogische Handeln des Teams.

Die wesentlichen Anforderungen, die eine Konzeption erfüllen sollte, fasst Armin Krenz in seiner Übersicht „Merkmale einer Konzeption" zusammen (Quelle: Krenz, S. 14).

- ✔ „wurde durch alle Mitarbeiterinnen erstellt
- ✔ ist ein Spiegelbild der realen Arbeit
- ✔ ist verbindlich für alle
- ✔ enthält Beispiele aus der eigenen Praxis
- ✔ beinhaltet eindeutige Aussagen
- ✔ entspricht der Aktualität
- ✔ enthält einen hohen Wert an Transparenz
- ✔ hat durch die eigene Erarbeitung durch alle Beteiligten zur Teamfindung beigetragen
- ✔ die Aussagen in einer Konzeption haben so lange Gültigkeit, wie diese der Praxis entsprechen
- ✔ eine Konzeption fordert direkt zur Einhaltung der Aussagen auf
- ✔ die Konzeption ist Teil des gültigen Dienstvertrages"

Die Konzeption hat ihren Namen, weil sie eine von Erzieherinnen konzipierte Zusammenstellung pädagogischer Ziele und deren Umsetzung ist.

Tipp

Lesen Sie dazu auch die Konzeptionsbeispiele auf S. 83 ff.

Eine Konzeption nützt aber nur etwas, wenn sie vom Personal selbst erarbeitet und dann auch mit vollem Einsatz umgesetzt wird. Häufig werden Konzeptionen einfach übernommen und vielleicht noch ergänzt, wenn neues Personal in die Kita kommt. Doch Ansichten, pädagogische Überzeugungen und aktuelle Methoden sind darin dann nicht enthalten.

Das Team ist also angehalten, seine Arbeitsweise gemeinsam zu überprüfen.

Konzeptionen müssen immer vom Team gemeinsam er- oder zumindest überarbeitet werden, damit sie wiedergeben, wie das Team arbeitet und was dessen Arbeit ausmacht. Hier geht es nicht um pauschale Aussagen zu Öffnungszeiten und Gruppenstrukturen, sondern um konkrete Details über die Gründe für bestimmte Öffnungszeiten,

Und noch ein wichtiger Hinweis:
Viele Einrichtungen bezeichnen ihre Konzeption als **Konzept**. Doch der Begriff ist irreführend: Ein **Konzept** ist nur eine Skizze, ein Entwurf einer Handlung oder eines Vorhabens.

Die **Konzeption** hingegen erläutert ausführlich, wie und warum auf eine bestimmte Art und Weise gearbeitet wird.

Konzept = Entwurf

Eine Idee, z. B. eine Buch- oder eine Projektidee wird grob skizziert, eventuell gegliedert und vorstrukturiert festgehalten.

Konzeption = Schriftliche Darstellung einer Kita und deren pädagogischer Arbeit

Aus alt mach neu –

Warum schreiben wir die alte Konzeption nicht einfach um?

Eine Konzeption ist **nicht beliebig austauschbar**, denn die Erzieherinnen arbeiten nicht gemäß der Konzeption, sondern die Konzeption entspricht umgekehrt der Arbeit der Erzieherinnen. Die Konzeption muss deshalb nach der praktischen Arbeit und den pädagogischen Ansätzen der Fachkräfte von ihnen selbst formuliert werden.

„Gute Chancen auf eine optimale und individuelle Förderung haben Kinder eben dann, wenn den pädagogischen Fachkräften ihre pädagogischen Leitideen, Inhalte, Methoden und Ziele bewusst sind und wenn sie konzeptionell arbeiten. Das heißt, dass sie systematische Vorstellungen vom Bildungs- und Erziehungsprozess in ihrer Einrichtung entwickelt haben und dies in ihrer praktischen Arbeit umsetzen.“
Quelle: Groot-Wilken, S. 10

Wenn Sie die alte Konzeption Ihrer Einrichtung weiterverwenden möchten, müssen Sie diese genau überprüfen. Dabei sollten Sie natürlich auch das gesamte Team einbinden. Sofern niemand etwas gegen die alte Version hat, kann sie weiter bestehen. Doch das ist unwahrscheinlich, denn inzwischen hat sich sicher viel in Ihrer Einrichtung verändert. Es gibt neues Personal, neue Spielsachen und vor allem haben Sie sich als Team weiterentwickelt. Sie haben vielleicht neue Ideen

umgesetzt und daraus resultierend den pädagogischen Ansatz überdacht. Möglicherweise haben sich Ihr Bild vom Kind und entsprechend auch Ihre pädagogische Haltung verändert. All das müssen Sie in der neuen Version der Konzeption ebenfalls aktualisieren.

Sie haben also zwei Möglichkeiten: Beginnen Sie bei null und erarbeiten Sie im Team eine eigene, vollkommen neue Konzeption. Oder verwenden Sie die vorhandene Konzeption als Basis und formulieren Sie diese passend zu Ihrer Arbeitsweise um.

Der Vorteil, wenn Sie ganz neu beginnen, liegt vor allem darin, vollkommen unbeeinflusst von Vorgaben zu arbeiten. Sie können die Gliederung und die Inhalte neu (er)finden und orientieren sich nur an den Informationen, die Sie selbst zusammengetragen haben. Eine Konzeption zu überarbeiten, kann viel Zeit sparen. Aber nur dann, wenn die alte Konzeption relativ nah am aktuellen Stand ist. Ist sie hingegen nur ein altes Gerüst, das ganz und gar nicht mehr der momentanen Arbeitsweise und pädagogischen Haltung des Teams entspricht, kann die Überarbeitung zu zeitintensiv werden. Hier ist es angeraten, aus der alten Konzeption auszuwählen, was in die neue einfließen soll, und alles andere auszuklammern, um neu zu beginnen.

Ich mach das schon! –

Wer schreibt die Konzeption?

Eine Konzeption sollte immer vom **gesamten Team** erarbeitet werden. Alle, die mit der pädagogischen Arbeit in der Einrichtung betraut sind, müssen in diese Arbeit mit einbezogen werden. Denn nur, wer sich mit seiner eigenen Arbeit auseinandersetzt, kann sich auch dazu äußern.

Tipp

Verteilen Sie Aufgaben an Kleingruppen!
(Siehe Kopiervorlage S. 14)

BEISPIEL

Konzeptionsentwicklung – Aufgabenverteilung			
Kapitel/Punkt/ Thema	**Was? – konkret**	**Wer?**	**(Bis) Wann?**
Rechtliche Vorgaben, eine Konzeption zu schreiben	Gesetze heraussuchen und abschreiben (Quellen genau benennen)	Lisa und Miriam	MO, 23.02., 8 Uhr bis 9 Uhr. Abgeben beim K-Treffen am 25.02.

Etwas anderes ist es, wenn Ihre Einrichtung eine Elterninitiative ist. Hier wird schon aus finanziellen Gründen die Arbeit an der Konzeption an die Eltern abgegeben. Allerdings müssen die Erzieherinnen auch hier natürlich wissen, was sie tun, und diese Informationen an die Eltern weitergeben. Am besten halten Sie den Ist-Stand fest, indem Sie ihn zusammen mit dem gesamten Team aufschreiben.

Notieren Sie sich die folgenden Punkte als **goldene Regeln** für die gemeinsame Arbeit an der Konzeption. Schreiben Sie sie auf ein Plakat und hängen Sie es an die Tür des Arbeitszimmers oder nutzen Sie die Kopiervorlage „Goldene Regeln", S. 13:

✔ Unsere Konzeption ist das Abbild unserer Arbeit.

✔ Alle arbeiten aktiv mit.

✔ Wir respektieren einander und werten nicht ab.

✔ Jede Meinung und jede Idee ist Teil unserer Erarbeitung.

✔ In Kleingruppen können wir die einzelnen Themen erarbeiten und später im Gesamtteam besprechen.

✔ Wir nutzen die Arbeitszeit effektiv.

Auch die **Kinder** können ihren Teil zur Konzeption beitragen. Sie können etwas über bestimmte Spielbereiche erzählen, das Sie dann niederschreiben. Oder sie zeichnen etwas, das als Illustration für die Konzeption dient. Auch Skizzen von Räumen aus Sicht eines Kindes sind wirkungsvoll, zeigen sie doch eine ganz andere Perspektive als die gewohnte aus Erwachsenenaugen.

Die **Zusammenarbeit mit den Eltern** spiegelt sich auch in der Konzeption wider. Denn wenn Sie schreiben: „Elternpartizipation ist bei uns selbstverständlich", sollten Sie das auch praktisch umsetzen. Laden Sie die Eltern ein, eine **Konzeptionsgruppe** zu gründen und aktiv an der Erarbeitung mitzuwirken. Es ist sinnvoll, die aktiven Eltern in die Arbeit einzuweisen und sie über die Möglichkeiten und Ziele einer Konzeption zu informieren. Die Eltern erarbeiten dann, möglichst selbstständig, ihre Texte. Sie fügen sie gemeinsam mit dem Team in die Konzeption ein und passen sie eventuell noch etwas an, indem Sie Absätze formatieren, stilistische Feinheiten überprüfen oder die Lesbarkeit überarbeiten.

Auch die Kinder können mithelfen.

Möglich sind etwa folgende Beiträge der Eltern:

✔ die Aufgaben der Elternsprecher

✔ die Aufgaben des Vorstands (z. B. bei Vereinen)

✔ Informationen über Aktionen

✔ Berichte von Eltern, die in Arbeitsgruppen oder bei Aktionen mitwirken oder mitgewirkt haben, wie in der Gartengruppe oder beim Bau eines Insektenhotels.

Als sehr sinnvoll hat sich erwiesen, die **Eltern** zu **befragen**, was sie in einer Konzeption lesen möchten. Auch hierfür müssen Sie gar nicht alle Eltern bemühen. Es reicht, wenn sich der aus Eltern bestehende „Arbeitskreis Konzeption" zusammensetzt und gemeinsam erarbeitet, welche Änderungen und Ergänzungen noch sinnvoll sind. Eine **Befragung** aller Eltern über die Zufriedenheit mit der Arbeit der Pädagoginnen, den Abläufen und der Organisation der Kita sowie Wünsche und Kritikpunkte kann helfen, die Zufriedenheit zu erhöhen. Auf S. 16 haben wir ein Beispielbrief an die Eltern vorbereitet.

Der Träger Ihrer Einrichtung sollte die Konzeption nicht nur absegnen, sondern sich aktiv einbringen. Das kann etwa durch einen einleitenden Brief des zuständigen Mitarbeiters geschehen. Interessant für die Leser sind vor allem die **Aufgaben des Trägers**, sein **Leitbild** und die **Strukturen** im Zusammenhang mit der Kita und den Eltern, z. B. Wer sind die Vorgesetzten? Oder: Wie aktiv wirkt der Träger am Geschehen in der Kita mit?

Gibt es noch weitere Personen, die in die Arbeit der Kita involviert sind? Einen **Pfarrer,** einen **Koch,** einen Künstler, eine **Vorleseoma** oder die **Raumpfleger**? Auch sie können einen kurzen Einblick in ihr Aufgabenfeld und ihr Mitwirken in der Kita abgeben. Das kann ein kleiner Absatz mit einem Statement sein oder auch ein Brief an die Leser. Sinnvoll ist es, von allen Personen, die in und für die Kita arbeiten, ein Foto mit einem kleinen Steckbrief in der Konzeption zu veröffentlichen.

Eine Umfrage liefert Ihnen wertvolle Ergebnisse.

Goldene Regeln für die Arbeit an unserer Konzeption

- ✓ Unsere Konzeption ist das Abbild unserer Arbeit.

- ✓ Alle arbeiten aktiv mit.

- ✓ Wir respektieren einander und werten nicht ab.

- ✓ Jede Meinung und jede Idee ist Teil unserer Erarbeitung.

- ✓ In Kleingruppen können wir die einzelnen Themen erarbeiten und später im Gesamtteam besprechen.

- ✓ Wir nutzen die Arbeitszeit effektiv.

Konzeptionsentwicklung – Aufgabenverteilung

Kapitel/Punkt/Thema	Was? – konkret	Wer?	(Bis) Wann?

Rechtliche Grundlagen der bayerischen Kindergärten

Grundgesetz der Bundesrepublik Deutschland:

http://www.bundestag.de/bundestag/aufgaben/rechtsgrundlagen/grundgesetz/

Sozialgesetzbuch (SGB) Achtes Buch (VIII) – Kinder- und Jugendhilfe – (SGB VIII):

http://www.arbeitsagentur.de/nn_164814/Navigation/zentral/Veroeffentlichungen/
Gesetze-Verordnungen/Gesetze-Verordnungen-Nav.html#d1.1 (SGB VIII)

Bundeskinderschutzgesetz:

www.bundesrat.de/cln_161/nn_8694/SharedDocs/Drucksachen/2011/0201-300/
202-11,templateId=raw,property=publicationFile.pdf/202-11.pdf

BayKiBiG und AVBayKiBiG (Bayerisches Gesetz zu Bildung, Erziehung und Betreuung von Kindern in Kindergärten, anderen Kindertageseinrichtungen und in der
Tagespflege und deren Ausführungsverordnung):

http://www.gesetze-bayern.de/jportal/portal/page/bsbayprod.
psml?showdoccase=1&doc.id=jlr-KiBiGBYrahmen&doc.part=X

http://www.gesetze-bayern.de/jportal/portal/page/bsbayprod.
psml?showdoccase=1&doc.id=jlr-KiBiGAVBYrahmen&doc.part=X

Liebe Eltern,

die Arbeit in unserer Kita basiert auf einer Konzeption, die wir nun aktualisieren möchten.

Die Konzeption verschafft uns Mitarbeiterinnen und auch Ihnen einen Einblick in die Arbeit in der Kita. Wir legen darin z. B. fest, wie wir arbeiten möchten und begründen, warum wir so handeln.

Nun möchten wir gerne von Ihnen erfahren, welche Inhalte Sie sich für unsere neue Konzeption wünschen, was Sie gerne beibehalten möchten und welche Kritikpunkte Sie eventuell auch auf dem Herzen haben.

Wir möchten Sie deshalb bitten, die bestehende Kita-Konzeption durchzulesen und uns Ihre Meinung dazu schriftlich mitzuteilen. Sollten Sie kein Exemplar der Konzeption mehr besitzen, können Sie eines von uns bekommen oder auf unserer Kita-Webseite herunterladen.

Ihre Meinung können Sie gerne auch anonym an uns weiterleiten. Werfen Sie Ihren Brief dafür einfach ohne Absender in unseren Briefkasten.

Wir freuen uns auf Ihre Kommentare und wünschen uns allen weiterhin ein fröhliches, entspanntes und anregendes Miteinander!

Ihr Kita-Team

Wie schreibe ich das?
3 Sprache und Stil

Sprache auf den Leser zuschneiden –

Ein Spagat?

Bevor Sie die Konzeption niederschreiben, müssen Sie sich klarmachen, für wen Sie formulieren.

Wer soll die Konzeption lesen?

Zunächst natürlich die Mitarbeiterinnen Ihrer Einrichtung und die Eltern, die ihr Kind in der Kita angemeldet haben oder es vorhaben, aber auch Mitarbeiter des Jugendamtes, jemand von der Gemeinde- oder Stadtverwaltung und natürlich der Träger. Fachleute aus anderen Kitas und Therapeuten werden die Konzeption ebenfalls lesen.

Dass die Leser eine gewisse Spannbreite an fachlichem Verständnis aufweisen, sollten Sie deshalb beim Schreiben berücksichtigen. Das bedeutet, die Konzeption soll sowohl Eltern mit geringer Bildung oder minimalen deutschen Sprachkenntnissen informieren als auch die Heilpädagogin, die Kinder in Ihrer Kita unterstützt.

Dieser Spagat gelingt Ihnen am besten, wenn Sie sich **klar und einfach ausdrücken**.

Fachbegriffe, die Sie verwenden möchten oder müssen, um Ihre Kompetenz als Fachleute zu unterstreichen, erklären Sie in einem Nebensatz oder einem Glossar am Ende der Konzeption.

Fachlich und lebendig schreiben

Professionalität ausstrahlen

Ihre Kita-Konzeption soll die Leser davon überzeugen, dass Sie, das Kita-Team, professionell und zum Wohl der Kinder arbeiten. Das drücken Sie über Sprache, die Form der Texte und das Layout aus.

Es klingt zwar schrecklich, aber selbst den schlechtesten Inhalt kann man mithilfe von Sprache und Layout so formulieren, dass die Eltern glauben, es sei pädagogische Fachliteratur. Doch so weit soll es nicht kommen. Sie überprüfen Ihre Inhalte schließlich sehr genau!

Wie schreiben Sie nun aber verständlich und fachlich zugleich?

Formulieren Sie stets auf **Hochdeutsch** in allgemein verständlicher **Schriftsprache**, der sogenannten Standardsprache.

Beispiele

1. *Wir forcieren die Partizipation der Kinder durch Kinderkonferenzen.*

2. *Bei uns reden die Kinder mit! Einmal im Monat treffen sich alle und jeder darf sagen, was er ändern will.*

3. *Wir fördern die Mitsprache und Selbstbestimmung der Kinder durch Kinderkonferenzen. Diese Gesprächsrunden finden monatlich statt.*

Mit welchem der drei Beispiele können Sie sich am meisten anfreunden?

Bei Nummer **eins** besteht die Aussage aus drei Fachwörtern, darunter zwei Fremdwörtern. Welche Eltern verstehen das?

Beispiel **zwei** hingegen bedient sich einer sehr einfachen Sprache, eher einer Umgangssprache als dem üblichen Hochdeutsch. Das Beispiel klingt sehr locker und vermittelt kaum Fachlichkeit bzw. Professionalität. Andererseits wirkt es direkt, „von Mensch zu Mensch".

Das **dritte** Beispiel zeigt, wie man Sprache mit Verständlichkeit vereinen kann, ohne dabei in Fachjargon zu verfallen. Das Beispiel wirkt sachlich, informativ und zeugt von der Professionalität seines Verfassers.

Probieren Sie es im Team aus!

Nehmen Sie Beispiele aus der alten Konzeption oder Textentwürfe für die neue Konzeption und lesen Sie diese laut vor. Überlegen Sie zunächst, ob Sie inhaltlich konform gehen, und ändern Sie vielleicht die Aussage des Textes. Nun geht es an die Formulierung: Welche Fachwörter beinhaltet der Text? Welche umgangssprachlichen Begriffe oder Dialektwörter sind enthalten? Markieren Sie all das und überlegen Sie gemeinsam, wie der Text besser klingt.

Beispiel

0 bis 2: Spontane Handlungsweisen werden mit gerade vorhandenen Wahrnehmungseindrücken koordiniert.

Verstehen Sie diesen Text?
Gemeint ist, dass Kinder bis etwa zwei Jahre ihr Tun mit dem abstimmen, was sie gerade sehen, riechen, schmecken usw. Die Art, wie sie handeln, ist also von den Sinneseindrücken und ihrer Wahrnehmung abhängig.

Können Sie das besser, also verständlicher formulieren?

Zunächst ist zu überlegen, ob Kinder unter zwei Jahren überhaupt geplant handeln. Vermutlich nicht, zumindest nicht im Sinne dieser Erläuterung hier. Deshalb kann der Begriff „*spontan*", der ja das Gegenteil von „*geplant*" ist, hier wegfallen. „*Handlungsweisen*" ist ein sehr merkwürdiges Wort. Gemeint ist hier das Handeln, also das Tun des Kindes. Ein Säugling bzw. ein Kleinkind handelt aber nicht, es tut etwas. Stellen wir nun den Satz in eine aktive Form um und überlegen, ob er so besser klingt:

Kinder von 0 bis 2 Jahren koordinieren das, was sie tun, mit den gerade vorhandenen Wahrnehmungseindrücken.

Schon alleine durch das Umstellen in die aktive Form, durch den Wegfall von „*werden*", ist der Satz deutlich lesbarer. Nun stören noch die „*gerade vorhandenen Wahrnehmungseindrücke*" das Bild. Was ist das nun genau? Sind es Wahrnehmungen? Oder Sinneseindrücke? Was bedeutet „*gerade vorhanden*"? Vielleicht ist damit der „*Ist-Zustand*" gemeint, was auch nicht besser klingt.

Beispiel

Kinder von 0 bis 2 Jahren koordinieren das, was sie tun, mit dem, was sie gerade wahrnehmen.

So können wir uns gut vorstellen, was gemeint ist. Das Wort „*koordinieren*" sollten die Leser verstehen. Im Zweifelsfall können sie es in einer Fußnote oder im Glossar erklären.

Tipp

Je häufiger Sie einen Satz lesen, desto merkwürdiger klingt er oft. Das liegt dann vielleicht daran, dass der Inhalt gar nicht stimmt oder der Satz so nicht formuliert werden kann, ohne zu holpern. Dann hilft es, den Satz umzustellen, zu teilen oder ganz neu zu formulieren.

Manchmal ist es besser, einen Text umzustellen.

Bringen Sie es auf den Punkt –

Keine Pauschalaussagen

Sich klar und einfach auszudrücken, fällt vielen Menschen schwer, wenn sie etwas verschriftlichen. Ein Trick ist, sich das Geschriebene selbst laut vorzulesen. Besser noch: **Lesen Sie im Team abwechselnd Ihre Texte vor.** Sicher haben Sie eine Konzeptions-Arbeitszeit eingerichtet, um genau solche Arbeiten zu ermöglichen.

Wie formulieren Sie nun konkret?

Nehmen wir das Thema „Esskultur". Das Team hat beschlossen, dass in der Kita besonderen Wert darauf gelegt wird, beim Essen bestimmte Regeln einzuhalten und auch auf eine ansprechende Optik am Esstisch zu achten.

Beim Brainstorming bzw. Mindmapping haben Sie folgende Stichpunkte gesammelt:

- ✔ Esskultur
- ✔ Gemeinsames Essen
- ✔ Anfangs- und Endritual
- ✔ Tischdecke
- ✔ Geschirr
- ✔ Deko
- ✔ Wer räumt ab
- ✔ Gespräche
- ✔ Gruppentische
- ✔ Sitzordnung

Schreiben Sie zunächst das Gesagte auf

Wir legen Wert auf Tischkultur. Die Tische sollen schön gedeckt sein und die Kinder lernen, wie sie mit Messer und Gabel umgehen.

Da fehlen aber noch einige Aspekte aus der Liste!

Wir stellen Gruppentische auf, sodass die Kinder immer im kleinen Kreis zusammensitzen können. Die Kleingruppe kann ihren Tisch noch dekorieren.

Dafür stehen Vasen mit frischen oder gebastelten Blumen bereit. Die Tischsets verwenden die Kinder beim Frühstück und dem Nachmittagssnack. Hier deckt jedes Kind seinen Platz selbst mit der mitgebrachten Box, dem nötigen Besteck und seinem Becher.

Beim Mittagessen gibt es einen Tischdienst, der mit der pädagogischen Fachkraft gemeinsam die Tische deckt. Das Abräumen erledigt jedes Kind selbst. Der Tischdienst kümmert sich dann noch um Stehengebliebenes und wischt die Tische ab. Eventuell müssen die Kinder dann noch den Boden fegen.

Wir benutzen für die Kinder Geschirr aus Porzellan und zum Trinken Gläser oder Becher aus Porzellan. So üben sie, sorgsam mit dem Geschirr umzugehen, werden nicht unnötig mit möglichen Chemikalien aus Plastik belastet und wir schützen ganz nebenbei auch die Umwelt und erfüllen so eine Vorbildfunktion.

Bei diesem Beispiel ist deutlich zu bemerken, dass der Schreibfluss im Laufe des Textes immer besser wird. Die Autorin hat in den Text hineingefunden und erzählt in ihrer Schreibsprache. Jetzt muss sie den Text noch überarbeiten. Zunächst prüft sie, ob alle Aspekte vorhanden sind, die sie sagen wollte.

Die Stichpunkte sind so weit alle untergebracht, doch eine Begründung für das Anliegen „Tischkultur" fehlt. Da die Autorin eine pädagogisch fundierte Kita-Konzeption schreiben will, muss sie alles auch (pädagogisch) begründen!

Wir legen Wert auf Tischkultur.

- ✔ Warum?
- ✔ Was lernen die Kinder dabei?
- ✔ Welche Kompetenzen erwerben sie?

Wir legen Wert auf Tischkultur. Uns ist es ein Anliegen, Lebensmittel wertschätzend zu verwenden und zugleich in einer entspannten Atmosphäre zu essen, um eine bewusste Pause vom Alltag ein-

zulegen. Tischkultur bedeutet für uns auch, den Tisch optisch ansprechend zu decken. Eine gewisse Ordnung am Tisch beruhigt und zeigt klare Strukturen. Die Kinder lernen schnell, welches Geschirr sie wofür verwenden und wie sie damit umgehen. Wenn die Kinder den Tisch selbst decken und dekorieren, zeigen sie Kreativität, Sinn für Ästhetik und stärken ihr Selbstwertgefühl.

Folgendes Beispiel zeigt, wie es wirkt, wenn eine **Behauptung** nur aus **Phrasen** besteht, die gar nichts Konkretes aussagen.

Wir fördern das ganzheitliche Lernen der Kinder in unserem täglichen Ablauf in vielen Bereichen.

Verstehen Sie, was hier gesagt werden soll? Zuerst ist zu klären, was *„ganzheitliches Lernen"* bedeutet.

Der Begriff *„ganzheitlich"* ist eher bekannt aus der Medizin und meint, dass die Ursachenforschung bei Krankheiten nicht nur zentral, also dort, wo der Schmerz ist, stattfindet, sondern der gesamte Mensch und sein Organismus sowie seine Psyche dabei beachtet werden.

Beispiel Magenschmerzen: Diese können als Ursache ein direktes Magenproblem haben. Doch deren Ursache kann auch in Stress oder Ängsten liegen. In der erzieherischen Praxis wird *„ganzheitlich"* gerne für *„mit allen Sinnen"* verwendet. Gemeint ist, dass Kinder nicht nur sehen oder hören, sondern eben mit allen Sinnen wahrnehmen, was um sie herum passiert und was es zu lernen gibt.

Die Kita fördert also, dass Kinder mit allen Sinnen ihre Umwelt erfahren und sich neues Wissen aneignen. Dies fördern sie *„in unserem täglichen Ablauf in vielen Bereichen"*. Was ist denn genau der *„tägliche Ablauf"*? Gemeint ist vermutlich der Alltag. Der *„tägliche Ablauf"* klingt einfach nur ungewohnt. Natürlich können Sie den Begriff Alltag einfach so stehen lassen.

In der Konzeption werden Sie vermutlich irgendwo einen durchschnittlichen Tag beschrieben haben, sodass man sich den Alltag auch vorstellen kann. In unserem Beispiel aber bezieht sich die Förderung direkt auf den täglichen Ablauf und wir wüssten gern, wie genau nun gefördert wird,

wann und wo. Es steht da *„in vielen Bereichen"*. Das sagt nun gar nichts aus.

Vielleicht dürfen die Kinder den Tisch decken und sich damit sozial einbringen oder sie können jederzeit im Garten herumlaufen, in der Erde wühlen und Tiere beobachten.

Die Welt mit allen Sinnen erkunden.

So könnten Sie es konkreter formulieren:

Kinder lernen mit allen Sinnen. Sie erwerben neues Wissen durch Ausprobieren, Schmecken, Riechen, Fühlen, Hören und Sehen. In unserer Kita regen wir die Kinder deshalb dazu an, selbst auszuprobieren, mitzuhelfen und nachzuforschen, um möglichst vielfältige Erfahrungen zu sammeln. So können Sie etwa mit uns gemeinsam kochen, täglich in den Garten gehen, wenn sie Lust dazu haben, oder mit verschiedensten Materialien experimentieren.

Tipps, stilvoll zu formulieren –

Schreiben Sie ansprechend und verständlich

Eltern und andere Personen lesen die Konzeption, um einen Einblick in Ihre Arbeit zu erhalten. Deshalb sollten sie den Text auch auf Anhieb verstehen können und nicht auf ein Wörterbuch zurückgreifen oder einzelne Textstellen mehrmals lesen müssen.

Dies können Sie vor allem durch ansprechende und verständliche Formulierungen erreichen.

Wenn der Leser direkt angesprochen wird, kann der Text besser verstanden werden.

Oder:

Wenn Sie den Leser direkt ansprechen, versteht er den Text besser.

Aktive Texte sind unmittelbarer und leichter verstehbar. Sie können aktive Texte schreiben, auch ohne den Leser persönlich anzusprechen:

Der Leser versteht den Text besser, wenn er direkt angesprochen wird.

Aktiv zu formulieren, bedeutet, eine Handlung direkt darzustellen:

Der Ball wird geworfen. ➤ passiv

Er wirft den Ball. ➤ aktiv

Auch bei direkter Ansprache ist die aktive Form wichtig. Trauen Sie sich, den inhaltlichen Aufforderungscharakter auch sprachlich umzusetzen!

Beispiel

Bei Abwesenheit oder Krankheit sollen die Kinder entschuldigt werden. Ansteckende Krankheiten müssen gemeldet werden.

Hier wird der Leser überhaupt nicht angesprochen. Hinzu kommt, dass das Verb *„sollen"* längst nicht denselben Aufforderungscharakter hat wie *„müssen"*. Die Formulierung ist deshalb ungünstig gewählt.

Tipp

Formulieren Sie aktiv. Sprechen Sie den Leser konkret an. Vermeiden Sie also die Hilfsverben „werden" und „wird".

So klingt es besser

Ist Ihr Kind krank oder kann aus einem anderen Grund den Kindergarten nicht besuchen, melden Sie es persönlich oder telefonisch bei uns ab.

Informieren Sie uns umgehend, wenn Ihr Kind eine ansteckende Krankheit hat!

Den Text in zwei Absätze zu teilen, bewirkt zudem mehr Übersichtlichkeit.

Folgendes Beispiel zeigt, dass einfache Inhalte oft in viel zu komplizierten Sätzen verpackt werden:

Die detaillierten Öffnungs- und Schließzeiten sind in der Benutzungssatzung nachzulesen, die bei der Anmeldung des Kindes ausgegeben wird.

Dass die Öffnungszeiten natürlich auch in der Konzeption stehen können und sogar sollten, ist die eine Sache. Dann dürfen Sie allerdings nicht vergessen, die Konzeption um etwaige geänderte Öffnungszeiten zu korrigieren.

Tipp

Schreiben Sie die Öffnungs- und Schließzeiten auf eine extra Seite und legen Sie diese der Konzeption bei.

Die wichtigere Sache ist, dass das Beispiel wieder passiv formuliert ist. Der Leser wird zudem nicht direkt angesprochen.

Besser

Unsere detaillierten Öffnungs- und Schließzeiten können Sie in der Benutzungssatzung nachlesen, die Sie bei der Anmeldung Ihres Kindes erhalten haben.

Der Begriff „*Benutzungssatzung*" macht das Lesen und Begreifen hier allerdings wirklich schwer. Vielleicht, weil der Leser nicht auf Anhieb weiß, was das ist. Die Eltern haben bei ihrer Anmeldung schließlich mehrere Unterlagen bekommen. Darunter vermutlich auch eine genaue Auflistung aller Kosten und Bestimmungen der Kita. Dies nennt hier die Kita „*Benutzungssatzung*", obwohl „*Satzung*" vollkommen ausreichend wäre.

Verkürzt könnten Sie schreiben

Unsere detaillierten Öffnungs- und Schließzeiten finden Sie in den Anmeldeunterlagen.

Beispiel

Kreativität entsteht dadurch, dass offen ist, was in diesem Prozess entsteht.

Was fällt Ihnen an diesem Satz auf?

✔ Es gibt eine Wiederholung: „*entsteht*"

✔ Der Satz ergibt keinen Sinn und sagt nichts aus.

Teilen wir den Satz auf und fragen nach: Wodurch entsteht Kreativität? Der Satz antwortet darauf: Dadurch, dass offen ist, was in diesem Prozess entsteht.

In welchem Prozess entsteht etwas? Mit „Prozess" ist hier offenbar Kreativität gemeint. Kreativität ist aber kein Prozess, sondern eine Fähigkeit. „Prozess" ist hier ein falsches Synonym für Kreativität. Setzen wir also den Begriff „Kreativität" wieder ein:

Kreativität entsteht dadurch, dass offen ist, was bei Kreativität entsteht.

Sie merken, dieser Satz ist vollkommen überflüssig, denn hier fehlt eine konkrete Aussage.

Doch die Verfasser wollten damit sicher etwas ausdrücken. Vermuten wir einmal, was sie meinten:

Kreativität entsteht, wenn der Prozess des Gestaltens im Vordergrund steht, nicht das Endprodukt.

Kreativität entsteht, wenn die Kinder frei gestalten dürfen.

Übersetzen wir das in eine einfachere Sprache und berichten wir von unserer Arbeit in der Kita, könnte Folgendes herauskommen:

Die Kinder dürfen frei malen, zeichnen und basteln. Dabei steht der Prozess des Gestaltens im Vordergrund, nicht das Endprodukt. So fördern wir die Kreativität der Kinder.

Sie merken, es ist gar nicht schwer, klare Sätze zu formulieren. Verklausulieren Sie Ihre Sätze nicht und vermeiden Sie, zu pauschalisieren. Sagen Sie konkret und in Einzelschritten, was Sie meinen. Kürzen können Sie später immer noch.

Verlieren Sie nicht den roten Faden!

Der rote Faden sollte in allen Sätzen Ihrer Konzeption erkennbar sein. Das bedeutet, Sie müssen eine bereits vorhandene Konzeption auf einen roten Faden hin überprüfen. Und sie eventuell daraufhin komplett überarbeiten.

Was ist der rote Faden?

Der rote Faden Ihrer Konzeption ist das zentrale Thema, ein Schwerpunkt oder ein Anliegen, das Sie vermitteln möchten.

Ein Beispiel: Sie haben als Leitmotiv Ihrer Arbeit in der Einleitung das Motto *„Hilf mir, es selbst zu tun!"* nach Maria Montessori genannt. Dieses Motto darf nicht nur eine Phrase sein, sondern zeigen Sie in den einzelnen Texten, dass Sie es genauso meinen und im Alltag umsetzen.

Formulieren Sie also nicht

Die Kinder werden angeregt, sich frei zu bewegen und sich selbstständig zu beschäftigen.

Sondern

Wir bereiten die Umgebung für die Kinder so vor, dass sie selbstständig handeln können. Das heißt, wir stellen ihnen Materialien zur Verfügung, die anregen, sich mit ihnen zu beschäftigen. Wir statten die Räume mit Möbeln und Teppichen aus, die den Kindern ermöglichen, sich sicher und ungezwungen zu bewegen.

Denken Sie immer daran, dass der Leser schließlich nicht wissen kann, was Sie im Kita-Alltag genau tun. Aber das ist schließlich für ihn interessant.

Jeder längere Text braucht Überleitungen. Schnell laufen Sie allerdings Gefahr, sich dabei zu wiederholen. Wenn jeder zweite Absatz mit *„dann"* oder *„anschließend"* beginnt, wird der Text schnell langweilig.

Tipp

Auf S. 77 finden Sie eine Kopiervorlage mit den wichtigsten Formulierungstipps.

Verlieren Sie den roten Faden nicht.

BEISPIEL

Die Kinder versammeln sich im Bewegungsraum und wir spielen zur Auflockerung ein kleines Begrüßungsspiel. **Anschließend** holen wir meist einige Geräte und Materialien, mit denen die Kinder frei spielen und toben können. **Anschließend** regen wir konkrete Bewegungsabläufe und Spiele an und zeigen den Kindern, wie sie die Geräte außerdem verwenden können. So lernen sie deren Vielfalt kennen und probieren sich und ihren Körper noch weiter aus. **Anschließend** räumen wir gemeinsam auf.

Sammeln Sie im Team verschiedene Überleitungsformulierungen, die Sie in Ihrer Konzeption verwenden möchten. Achten Sie darauf, vielseitig zu formulieren.

Ein Beispiel für Formulierungsalternativen

anschließend: daraufhin, nachfolgend, danach, nachher, dann, infolgedessen, später

Fällt Ihnen einmal keine Überleitung ein, lassen Sie sie weg. Sie können den Satz auch so umstellen, dass er frei stehen kann.

Hier noch einmal das Beispiel von oben ohne Überleitungsfloskeln

Die Kinder versammeln sich im Bewegungsraum und wir spielen ein kleines Begrüßungsspiel zur Auflockerung. Meist holen wir dann einige Geräte und Materialien heraus und die Kinder können frei damit spielen und toben. Damit die Kinder die Vielfalt der Geräte kennenlernen und sich und ihren Körper noch weiter ausprobieren, regen wir bestimmte Bewegungsabläufe und Spiele an. Wir eigen den Kindern, wie sie die Geräte außerdem noch verwenden können. Abschließend räumen wir gemeinsam auf.

Wie trainiere ich, zu schreiben? –
Sprachspiele und Schreibübungen

Die folgenden Spiele können Ihnen und Ihren Kolleginnen helfen, sich zu lockern, bevor Sie sich an die Aufgabe wagen, die Konzeption zu schreiben.

Dabei aktivieren Sie vor allem den Teil Ihres Wortschatzes, den Sie im Alltag nur selten verwenden. Je mehr Sie spielen, desto leichter werden Ihnen später Formulierungsalternativen einfallen.

Mit Worten und Buchstaben zu spielen, regt die Kreativität an und hilft, auch mal, um die Ecke zu denken.

Nicht zuletzt machen die Spiele Spaß und das wirkt sich auch auf die Atmosphäre im Team aus.

🔴 Spiel 1: Assoziogramm

Ziele: Bei diesem Spiel gilt es, nicht zu überlegen. Sie schreiben nämlich mechanisch und lassen den Assoziationen damit freien Lauf. So schalten Sie die Kontrollfunktionen in Ihrem Denken aus und üben, mutig Worte heraussprudeln zu lassen.

Material: Für jeden Teilnehmer ein Blatt Papier, eine Unterlage und einen Stift.

So geht's

Nehmen Sie als Spielleiter ein Fachbuch oder eine Konzeption zur Hand, schlagen Sie willkürlich eine Seite auf und tippen Sie, ohne hinzusehen, auf ein Wort. Lesen Sie es laut vor. Alternativ können Sie für das Spiel auch die Wörterliste von S. 33 benutzen.

Nun schreiben Sie und Ihre Kolleginnen alles auf, was Ihnen zu diesem Begriff einfällt. Überlegen Sie nicht lange, zögern Sie nicht und schreiben Sie einfach los. Wer zögert, überlegt schon und wertet damit. Es geht aber genau darum, dies nicht zu tun, sondern das zu notieren, was Sie automatisch assoziieren.

Beispiele:

Begriff: Kleingruppenspiel:

Assoziation: Zwerge, Kinder, Rollen, Prinzessin, Krone, Tanzen, Würfel …

Begriff: Beobachtungsbogen:

Assoziation: ankreuzen, hinschauen, Dialoge, schnell schreiben, konzentrieren, viel Arbeit, Papierberge, keine Zeit …

Tipp

Wenn Sie auf Konjunktionen, Präpositionen oder Artkel, wie „und" oder „der", tippen, nehmen Sie einfach das nächste Wort, das sich eignet.

🔴 Spiel 2: Ding

Ziele: Das Spiel regt an, seiner Fantasie zu folgen und eine ganz andere Perspektive einzunehmen. Spielerisch üben Sie, interessant zu formulieren und bildlich zu erzählen, sodass andere besser nachvollziehen können, was Sie meinen.

Material: Sammeln Sie vorab verschiedenste (Alltags-)Gegenstände. Bitten Sie auch Ihre Kolleginnen darum. Das können Knöpfe, Korken, ein Stück Schnur, Kaugummipapier, eine Briefmarke oder eine Schere sein. Legen Sie diese Gegenstände in einen Beutel oder eine Schachtel.

So geht's

Eine von Ihnen nimmt einen der Gegenstände aus dem Beutel, ohne hineinzusehen, und zeigt ihn den anderen. Geben Sie den Gegenstand herum, damit ihn jeder auch anfassen und von allen Seiten betrachten kann.

Nun dürfen alle Teammitglieder als Detektive und Historiker ans Werk gehen. Fragen Sie nach:

- ✔ Was ist es?
- ✔ Woher kommt es?
- ✔ Wem gehört(e) es?
- ✔ Wo war es schon überall?
- ✔ Was ist daran besonders?
- ✔ Wofür kann es nützlich sein?
- ✔ Was hat es zu erzählen?

Variation

Sie können ein Ratespiel daraus machen. Ein Mitspieler greift in die Kiste und sucht sich verdeckt einen Gegenstand aus, ohne ihn den anderen zu zeigen. Er stellt die Kiste beiseite, damit die anderen nicht sehen, was noch darin ist. Er beschreibt ihn. Das Team versucht, zu erraten, welcher Gegenstand es ist. Sie dürfen Fragen stellen, der Spieler darf aber nur mit „ja" oder „nein" antworten.

BEISPIEL

Gegenstand: Hirschhornknopf mit angestoßener Ecke

Mögliche Geschichte dazu

Der Knopf kommt aus Taiwan, wo er von einem 8-jährigen Mädchen handgeschnitzt wurde. Gefunden wurde er aber auf dem Oktoberfest in München. Vermutlich hat ihn ein betrunkener, mit Lederhosen und Trachtenjanker bekleideter Besucher verloren.

Der Knopf ist so besonders, weil ihm ein Stück am Rand fehlt. Das wurde ausgebissen. Und zwar von einem Zwergpinscher namens Lulu. Dieser gehörte der Freundin des Lederhosenmenschen. Er musste auf dem Arm des Herrn ausharren, während seine Freundin die Toilette aufsuchte. Das gefiel Lulu aber nicht und so verbiss sie sich in den Knopf.

Dieser besondere Hirschhornknopf kann nicht nur ein Kleidungsstück verschließen, sondern auch Taschen, Bücher oder Geldbörsen. Er eignet sich als Spielfigur und als Glücksbringer oder Handschmeichler.

● Spiel 3: Erinnerungen und Sinne

Ziele: Mit diesem Spiel entdecken Sie Adjektive, die einen Sachverhalt oder Gegenstand möglichst genau beschreiben. Sie üben, mit allen Sinnen wahrzunehmen und die passenden Worte dafür zu finden.

Material: Bilder einzelner Gegenstände, z. B. aus einem Memo- oder Lottospiel. Alternativ nutzen Sie die Liste mit den Gegenständen (KV, S. 34/35).

So geht's

Jemand zieht eine verdeckte Karte und sieht sie sich gut an. Sie wird nicht in der Runde gezeigt und auch nicht kommentiert.

Nun beschreibt derjenige, was darauf zu sehen ist, und orientiert sich dabei an folgenden Fragen:

✔ Wie fühlt es sich an?

✔ Wie schmeckt es?

✔ Wie riecht es?

Erst jetzt beschreibt derjenige:

✔ Wie sieht es aus?

Natürlich können nicht bei jedem Gegenstand alle Sinneseindrücke beschrieben werden. Manches ist nicht essbar, anderes riecht nach nichts und wieder anderes ist nicht berührbar. Möglicherweise hat der Erzähler jedoch eine Idee, wie er diese Eigenschaften umschreiben kann.

Die anderen Teammitglieder versuchen nun, zu erraten, um welchen Gegenstand es sich handelt.

Besonders interessant ist, wenn alle in der Runde nach Auflösung des Rätsels ergänzen, welche Adjektive ihnen zu dem Gegenstand noch einfallen.

Tipp

Für dieses Spiel können Sie auch die Gegenstände aus Spiel 2 verwenden und umgekehrt.

BEISPIEL

Es fühlt sich weich an, flauschig. Sehr samtig und zart.
Ich weiß nicht, wie es schmeckt. Aber es gibt Lebewesen, die das wissen.
Ich kann mir vorstellen, dass es nach Erde riecht oder nach Wiese.
Es ist gelb und ziemlich rund. Es hat zwei Beine und einen Schnabel. Einen kleinen Stummelschwanz hat es ebenfalls und rechts und links den Ansatz eines kleinen Flügels.

(Küken)

● Spiel 4: Wörterharfe

Ziele: Wenn Sie eine Wörterharfe schreiben, müssen Sie sich konzentrieren und den Zugang zu Ihrem Wortschatz öffnen.

Material: Jeder Mitspieler benötigt ein kariertes Blatt Papier, einen Stift und eine feste Unterlage.

So geht's

Suchen Sie ein möglichst langes Wort aus einem Buch heraus, etwa aus dem Glossar eines Fachbuchs, einem Wörterbuch oder aus der Wörterliste, siehe S. 33.
Lesen Sie es laut vor. Die Mitspieler schreiben das Wort so auf ihr Papier, dass jeder Buchstabe in einem quadratischen Feld steht.
Umlaute, also ö, ä, ü und äu, schreiben Sie aus, also oe, ae, ue und aeu.
Jeder Buchstabe des langen Wortes soll der Anfangsbuchstabe eines neuen Wortes werden. Die neuen Wörter überlegt sich jeder für sich allein.
Die besondere Schwierigkeit: Es ist vorgeschrieben, wie lang die neuen Wörter sein sollen: Das erste Wort (links) hat drei Buchstaben, das zweite Wort vier Buchstaben usw. Die neuen Wörter werden nach unten in die Kästchen geschrieben, sodass durch sie das Bild einer Harfe wie in der Abbildung rechts entsteht.
Wer fertig ist, ruft „Stopp!" und liest seine Wörter vor. Wer einen anderen Begriff gefunden hat, darf ihn danach sagen.
Pro Wort gibt es einen Punkt. Wer am Schluss, z. B. nach so vielen Runden, wie es Mitspieler gibt, die meisten Punkte hat, hat gewonnen.

Tipp

Grenzen Sie das Spiel ein: Die Mitspieler dürfen nur Begriffe verwenden, die mit der Arbeit in der Kita zu tun haben. So dient das Spiel bereits im Hinblick auf die Konzeptionserarbeitung dazu, kreative Begriffe zu finden.

BEISPIEL

● Spiel 5: Synonyme

Ziele: Erweitern Sie Ihren Wortschatz und stimmen Sie sich auf das Schreiben einer Konzeption ein.

Material: Papier und Stift oder Tafel und Kreide

So geht's

Wenn Sie die Konzeption schreiben, werden Sie häufig dieselben Begriffe verwenden. Um Wiederholungen zu vermeiden und wirklich genau zu formulieren, was Sie meinen, ist es sinnvoll, eine Liste von Synonymen anzulegen. Manchmal reicht es zwar, diese im Kopf zu haben. Gemeinsam spielerisch Synonyme zu finden, regt allerdings alle

Beteiligten an, ihren Wortschatz zu überprüfen und verstärkt auf Ihre Sprache in Wort und Schrift zu achten.

Nehmen Sie eine alte Konzeption oder einen Text von der Kita-Website und suchen Sie mit den Kolleginnen alle Wörter heraus, die mehr als einmal vorkommen. Schreiben Sie diese auf ein großes Blatt Papier, eine Tafel oder ein Flipchart. Nun überprüfen Sie, welche der Begriffe Sie genauer definieren könnten und welche Synonyme haben. Sammeln Sie Synonyme und Umschreibungen auf dem Plakat. Wichtig: Lassen Sie Ihre Kolleginnen auch lustige Wörter sagen und erlauben Sie Umgangssprache. Später überlegen alle gemeinsam, welche Begriffe im Hochdeutschen und in der Standardsprache verwendet werden können und welche Sie lieber nicht in die Konzeption schreiben (z. B. *Kids* für Kinder, *Kindi* für Kindergarten). Legen Sie ein eigenes Heft für Ihre Synonyme und Umschreibungen an, so haben Sie bald ein eigenes Synonym-Wörterbuch. Das können Sie auch für andere Texte rund um die Kita benutzen.

Folgende Wörter kommen häufig vor:

Beobachten, Bildung, Erziehung, Pädagogik, Gruppenraum …

BEISPIEL

Erziehung: Pädagogische Begleitung, Ausbildung, Anleitung, Anweisung, Begleitung, Formung

Buchtipp

Textor, A. M.:
Sag es treffender.
Ein Handbuch mit über 57 000 Verweisen auf sinnverwandte Wörter und Ausdrücke für den täglichen Gebrauch.
Rowohlt, Reinbek, 2002.
ISBN 978-3-499-61388-3

● *Spiel 6: Bildungs-Stadt-Land-Fluss*

Ziele: Erweitern Sie Ihren Wortschatz, vor allem um Begriffe rund um den Bereich Bildung, und stimmen Sie sich darauf ein, die Konzeption zu schreiben.

Material: Papier, Stifte und eine Unterlage für jeden Mitspieler oder eine Kopie der Vorlage von S. 36.

So geht´s:

Das Spiel orientiert sich an dem klassischen Spiel „Stadt, Land, Fluss". Verwenden Sie die Kopiervorlage für das Spiel oder überlegen Sie sich selbst Kategorien, die mit Ihrer Kita bzw. dem Thema Bildungsangebot zu tun haben.
Um einen Anfangsbuchstaben zu finden, spricht einer von Ihnen in Gedanken das Alphabet durch, beginnend mit einem laut ausgesprochenen A. Ein

anderer Spieler sagt nach Belieben irgendwann „Stopp!" und der Buchstabierer hält inne. Er nennt den Buchstaben, bei dem er gestoppt hat. Alle schreiben nun in jeder Kategorie einen Begriff auf, der mit diesem Buchstaben beginnt. Entscheiden Sie vorab gemeinsam, ob nur einzelne Begriffe gelten oder auch kurze Sätze oder Satzfragmente, wie z. B. *Boxen verboten!* Sobald jemand seine Liste vollständig hat, ruft er „Stopp!" und alle legen die Stifte weg. Nun darf derjenige vorlesen, welche Begriffe ihm eingefallen sind.
Für jeden Begriff bekommt jeder Spieler 15 Punkte, wenn kein anderer die Kategorie gefüllt hat, 10 Punkte, wenn sich sein Begriff nicht doppelt, und 5 Punkte, wenn er denselben Begriff hat wie mindestens einer der Mitspieler.

BEISPIEL

Bildungs-Stadt-Land-Fluss				Name:	*Maya*
Bewegung/ Körper	**Sprache**	**Kreatives Gestalten/ Musik**	**Werte/Ethik/ Religion/ Soziales**	**Umwelt/Natur**	**Natur- wissenschaft/ Technik**
Rolle	*Rhythmus*	*Reißbilder*	*Respekt*	*Recycling*	*Reaktion*

● Spiel 7: Ein Tag in der Horror-Kita

Ziele: Mit diesem Spiel können Sie und Ihr Team Spannungen abbauen und so ganz locker ins Schreiben und Formulieren hineinfinden. Das „Rauslassen" aller negativen Fantasien, die die Arbeit betreffen, erleichtert die Mitarbeiter und so finden sie fast nebenbei heraus, dass sie eigentlich in einer recht passablen Einrichtung arbeiten.

So geht's

Beschreiben Sie schriftlich den Tag in der Kita des Schreckens und übertreiben Sie dabei maßlos! Stellen Sie sich vor, Sie hospitieren oder müssen als Springer dort einen Tag verbringen. Aktivieren Sie Ihre Fantasie: Lassen Sie Monster auferstehen, Hexen auf Besen reiten oder doch – fast realistisch – die Elternschaft mit erhobenem Zeigefinger hinter Ihnen hereilen.

Lesen Sie sich die Texte gegenseitig vor und finden Sie Parallelen. Lachen ist ausdrücklich erlaubt!

Nehmen Sie die Ideen aber auch ernst. Denn viele von Ihnen drücken damit auch ihre Ängste aus. Nach diesem Spiel sind die aber etwas weniger geworden, denn das Aufschreiben und Darüber-Sprechen erleichtert sehr.

Tipp

Leiten Sie im Zuge der Konzeptionsarbeit aus den Negativ-Geschichten ab, wie für die Teammitglieder der Traumtag aussehen könnte. Geben Sie etwa die Aufgabe, aus dem Horrortag einen Traumtag zu machen. Die Kolleginnen können dafür auch die Texte untereinander tauschen, wenn es ihnen so lieber ist.

Mit den positiven Texten haben Sie eine Basis für das Entwickeln der Konzeption. Sie erkennen die Vorlieben und Wünsche der Kolleginnen, die sie vielleicht sonst nicht offen ansprechen. Die Geschichten können Sie später direkt als Einstieg verwenden, wenn Sie sich an die Konzeptionsarbeit machen.

Lesen Sie einen der Traumtage vor und regen Sie an, zu erörtern, wie so ein Traumtag verwirklicht werden kann und was in der Kita dafür geändert werden muss.

BEISPIEL

Mein Schlüssel ist weg. Aber ich muss die Kita-Tür aufschließen, sonst kommt keiner rein. Ich höre schon die ersten Kinder kommen. Lautes Kreischen. „Tschässihi … nicht auf die Straße …!" Neben mir taucht ein total verrotztes Kind auf. Es hat keine Jacke an, obwohl es schneit. Die Haare des Kindes kleben dreckig am Kopf und stinken. Es schmiegt sich an mich. Ich erkenne Jessica, die 6-Jährige, die wir nun noch ein Jahr behalten werden. „Ist die Tür noch gar nicht auf?!", schimpft die Mutter laut. Jessica, die immer noch an mir klebt, was ich verstehe, denn mein Daunenanorak ist schön warm, quetscht ihre Beine zusammen. „Ich muss Pipi!" Endlich kommt eine Kollegin mit dem Schlüssel. „Na toll, hast du keinen Schlüssel, oder was?!", blökt sie mich an. Wir drängen uns ins Warme. Ach, nein, es ist eiskalt. Die Heizung ist gar nicht an. Kaputt? …

Spiel 8: Wörter-Kette

Ziele: Das Spiel dient als Brainstorming und regt Ihre Kreativität an.

Material: kariertes Papier, Stifte

So geht's

Geben Sie ein Thema vor, z. B. den Bildungsbereich Musik. Der erste Spieler denkt sich ein Wort aus, das mit Musik zu tun hat. Und – das Wort muss mit K beginnen, dem letzten Buchstaben von „Musik". Er wählt „Klavier". Das nächste Wort beginnt nun mit R: „Rassel". Wenn jemandem zu einem Buchstaben partout kein Begriff einfällt, überlegen erst alle mit und ändern dann das vorherige Wort. Geht gar nichts, ist die Runde zu diesem Thema beendet.

Variation

Versuchen Sie, zu einem Thema Begriffe zu allen Buchstaben des Alphabets zu finden.

BEISPIEL

Künstlerisches Gestalten

Abpausen	Collage	Erdfarben
Basteln	Drucken	Filzen usw.

BEISPIEL

MUSIK
KLAVIER
RASSEL
LAUTE
EINSINGEN

Tipp

Schreiben Sie alle Wörter mit oder heben Sie die Spielzettel auf. Sie können Sie für die Konzeptionsentwicklung gebrauchen.

© Verlag an der Ruhr | Yvonne Wagner | ISBN 978-3-8346-2532-8 | www.verlagruhr.de

Abstraktionsfähigkeit	Gartenspielgeräte	Raumteiler
AD(H)S	Gender	Reihe
Aggressionen	Gewohnheiten	Reizüberflutung
Allergie	Gruppendynamik	Rhythmus
altershomogen	Gruppenfähigkeit	Sauberkeitserziehung
Arbeitsfeld	Handgeschicklichkeit	Schulfähigkeit
Außenseiterposition	Hochbegabung	Schulkindergarten
Bauklötze	Integration	Selbstständigkeit
Beobachtung	Jugendlicher	Sensomotorik
Beratungskompetenz	Kind	Sprachentwicklung
Betriebsstruktur	Kinderängste	Sprachverhalten
Bewegungsabläufe	Kinderpflegerin	Subsidiaritätsprinzip
Bewegungsbaustelle	Klangstäbe	Theorie
Bewegungsraum	Konsequenzen	Träger
Bildung	Kooperation	Trennkost
Buchstaben	Lesen	Umwelterziehung
Diskussionen	Machtkampfphase	Urvertrauen
Effektivität	Mobbing	Verhalten
Einschulungstest	Mobile	Vernetzung
Einzelintegration	Nachahmung	Versicherung
Elternversammlung	Naturwissenschaften	Verwaltung
Emotionen	Nebenraum	Vorbild
Entwicklungsgespräch	Nichtbeachtung	Vorpubertät
Erkenntniserweiterung	Normen	Vorstand
Erzieherin	Planung	Wahrnehmungsstörung
Erziehung	Platzvergabe	Wahrnehmungstäuschung
Erziehungsmaßnahmen	Praktikumsstelle	Wandbild
familienergänzend	Projekt	Werken
Feinziele	Prozess	Wickeln
Feuermelder	Psychomotorik	Zahnhygiene
Fingerspiel	Raumkonzept	Zertifizierung

Bildungs-Stadt-Land-Fluss

Name: _____

Bewegung/Körper	Sprache	Kreatives Gestalten/Musik	Werte/Ethik/Religion/Soziales	Umwelt/Natur	Naturwissenschaft/Technik

4. Wege zur Kita-Konzeption

Informationen und Ideen sammeln –

Konzeptionen und Leitbilder

Ob Sie eine Konzeption neu erstellen oder eine vorhandene überarbeiten, Sie beginnen damit, sich zu **informieren**, und schließen mit einer **Präsentation**.
Die folgenden Informationen sollten Sie zusammenstellen, bevor Sie mit Ihrer Arbeit beginnen:

✔ Welche Konzeption bzw. schriftlichen Aussagen über die pädagogische Arbeit, das Haus und die Organisation gibt es bereits? Sammeln Sie alles, was Ihnen später die Arbeit erleichtert.

✔ Welche gesetzlichen Vorschriften gelten für Ihre Einrichtung? (Bildungsplan, Kita-Verordnung, Brandschutz, Hygieneverordnung usw.)

✔ Sind Sie im Team über Ihre Arbeitsweise und Haltung einig? Jedes Teammitglied macht sich vorab Gedanken über seine Haltung, Ideale und Methoden.

✔ Gehen Ihre Ansichten mit denen des Trägers konform? Sprechen Sie mit dem Träger. Lesen Sie dessen schriftliches Leitbild.

✔ Wo gibt es Schwachpunkte in der alten Konzeption? Streichen Sie alles Überflüssige.

✔ Was fehlt? Was muss ergänzt werden? Sie und Ihre Kolleginnen notieren alles, was Sie in der Überarbeitung ergänzen möchten.

✔ Wie soll die Konzeption aussehen? Sehen Sie sich andere Konzeptionen an und bitten Sie alle Teammitglieder, sich zu überlegen, wie sie die Kita-Konzeption gestalten möchten.

✔ Wie und wo wollen Sie die Konzeption veröffentlichen? Denken Sie über die Vervielfältigung nach und darüber, ob Sie eine Kurzform der Konzeption für eine Broschüre, ein Faltblatt oder die Kita-Homepage benötigen.

Wenn Sie sich mit dem Thema Konzeptionen auseinandersetzen, müssen Sie auch welche anderer Einrichtungen lesen. Bitten Sie zunächst sämtliche Kitas Ihres Trägers um deren Konzeption. Fragen Sie auch bekannte Erzieherinnen, ob Sie ihre lesen dürfen. Und sehen Sie sich im Internet um. Sie finden eine große Bandbreite an Konzeptionen auf den Websites der Kindergärten, Krippen und Horte. Schnell werden Sie sehen, dass darunter auch Konzeptionen sind, die unprofessionell auf Sie wirken. Woran liegt das?

- ✔ Überlegen Sie im Team, was Sie anders machen würden.

- ✔ Notieren Sie sich, welche Punkte Sie auch in Ihre Konzeption aufnehmen möchten.

- ✔ Achten Sie auf Formulierungen. Wird der Leser in den Konzeptionen direkt angesprochen oder nicht? Was gefällt Ihnen am besten?

Welche Form mögen Sie? Eher die lockere und moderne oder eine klare Gliederung und möglichst fachlich-sachliche Formulierungen?

Halten Sie ein **Brainstorming** im Team ab. Bestenfalls haben sich alle Teammitglieder vorab informiert und Ideen gesammelt. Legen Sie ein großes Blatt Papier auf den Boden, einen Tisch oder hängen Sie es an die Wand oder die Tür. Nun sammeln Sie alles, was der Runde zum Thema Konzeption einfällt. Eine von Ihnen schreibt alles auf das große Blatt Papier oder auf einzelne kleine Zettel. Sie können auch Kleingruppen bilden und dort sammeln. Das bietet sich vor allem dann an, wenn Sie vorab schon Oberthemen festgelegt haben, wie Elternarbeit, Organisation, Bildung oder pädagogisches Selbstverständnis. Jede Gruppe bekommt dafür einen eigenen Bogen Papier. Hier wird aber noch nicht strukturiert! Ganz im Gegenteil: Das bunte Durcheinander wirkt anregend. Sortieren dürfen Sie alle im Anschluss an das Brainstorming.

Die Ideen sortieren –

Methoden

Ihre eigenen Ideen und die vielfältigen Anregungen durch die Konzeptionen anderer Kitas müssen Sie jetzt noch sortieren. Dafür gibt es verschiedene Methoden. Schreiben Sie sich grobe Überschriften auf, wie „Das Kita-Gebäude" oder „Pädagogik", und notieren Sie alle passenden Ideen dazu. Sie können sie auf kleine Zettel schreiben und auf dem Boden oder einem großen Tisch auslegen. Nach und nach ordnen Sie die Zettel einander zu. Eine Zwischenform zwischen **Brainstorming** und **Mindmapping** ist das **Clustering**.

Dabei werden spontane Ideen und Assoziationen zu einem Thema aufgeschrieben und anschließend der Wichtigkeit nach sortiert. Dann verbindet man die einzelnen Begriffe mit Linien. Gibt es keine Verbindung zu einem bestehenden Begriff, beginnt man neue Linien und Cluster.
Das ist eine wunderbare Methode, um Schlüsselbegriffe zu finden, die man später als Oberpunkte beim Mindmapping verwenden kann, von denen

erste „Straßen" abgehen, diese werden manchmal auch „Äste" genannt.

Tipp

Clustering = Assoziationsketten bilden

Hier werden Ideen durch Linien verbunden. Allerdings stehen die Ideen noch durcheinander auf dem Papier.

http://de.wikipedia.org/wiki/ Cluster_%28Kreatives_Schreiben%29

Mindmaps bieten die Möglichkeit, Ideen sehr detailliert zu strukturieren. Dabei dürfen die Gedanken frei fließen und müssen nicht aussortiert werden. Sie finden lediglich einen Platz auf einer „Karte", der „Map", und werden mit anderen

Gedanken verbunden. Ein Gedanke folgt dabei dem nächsten, eine Idee baut auf der vorherigen auf.

Mindmap

Übersetzt heißt das „Gedankenkarte". Sie stellen also Ihre Gedanken übersichtlich dar, ähnlich einer Landkarte. Es gibt Straßen und Wege, die Gedanken zusammenführen.

Beginnen Sie damit, in die Mitte eines großen Blatt Papiers oder einer Tafel den Begriff *„Konzeption"* zu notieren. Umranden Sie das Wort oder schreiben Sie es besonders groß, sodass es deutlich zu sehen ist. Das ist der zentrale Begriff, rund um den Ideen gesammelt werden sollen.

Besonders schöne Ergebnisse bekommen Sie dabei, wenn die Teammitglieder bereits ein Brainstorming gemacht haben. Vielleicht haben Sie sogar schon eine Liste mit Ideen, die nun in die **Mindmap** aufgenommen und dort strukturiert werden sollen.

Tipp

Schreiben Sie alle Ideen auf kleine Zettel und erarbeiten Sie die Mindmap an einer Pinnwand oder Magnettafel. So können Sie die Ideen beliebig tauschen und verschieben.

Es gibt nun zwei Möglichkeiten:

1. Zeichnen Sie mehrere Linien, „Straßen" oder „Äste" vom Zentrum aus und benennen Sie diese.

2. Sie nehmen den ersten, in die Runde geworfenen Begriff auf und entscheiden gemeinsam, ob er auf eine Linie, vom Mittelpunkt ausgehend, gesetzt werden soll. Vielleicht ist die Idee noch nicht direkt zu verknüpfen. Dann notieren Sie den Begriff im äußeren Bereich des Papiers. Er findet später seinen Platz.

3. Jede „Straße" kann weitere „Nebenstraßen" bekommen und diese wiederum kleinere „Wege". Natürlich können Sie hier auch das Bild des Baumes mit Ästen und Zweigen verwenden. Allerdings passt das Bild der Straßen besser zum Begriff „Karte".

Tipp

Für alle, die gern am Computer arbeiten, gibt es Mindmap-Programme kostenlos im Internet. Sie bieten übersichtliche Strukturen und die Möglichkeit, Ideen immer neu zu variieren, ohne alles neu schreiben zu müssen.

Auf einen Blick

Mindmapping

Schreiben Sie das Thema in die Mitte.

- Sammeln Sie Ideen und filtern Sie die Oberbegriffe heraus. Die übrigen Begriffe schreiben Sie außen an den Rand.

- Notieren Sie die Oberbegriffe auf Linien („Straßen"), die vom Thema ausgehen.

- Den Oberbegriffen ordnen Sie weitere Ideen zu. Diese schreiben Sie auf weitere Linien, von den „Straßen" der Oberbegriffe abzweigend.

- Übertragen Sie die strukturierte „Gedankenkarte" auf ein neues Blatt Papier, um mehr Übersicht zu schaffen.

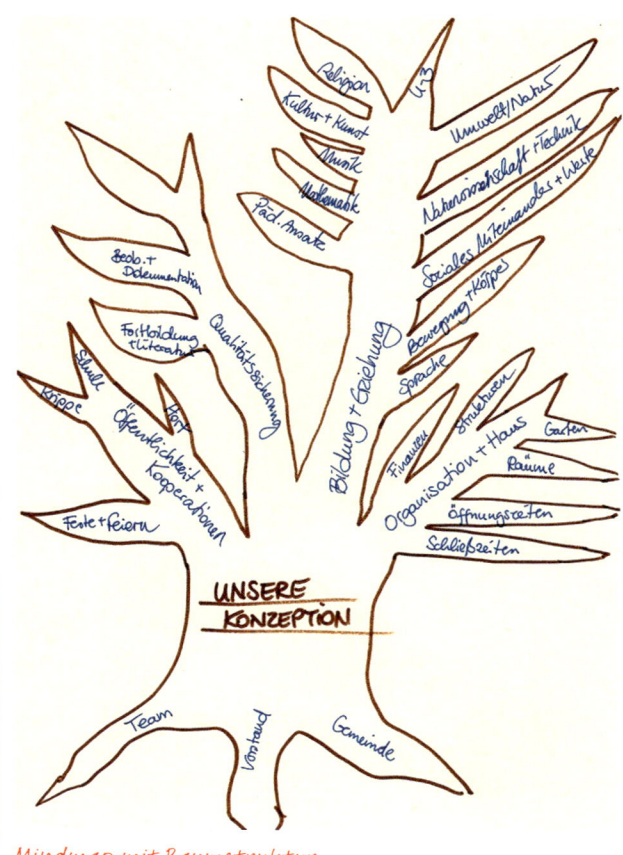

Mindmap mit Baumstruktur

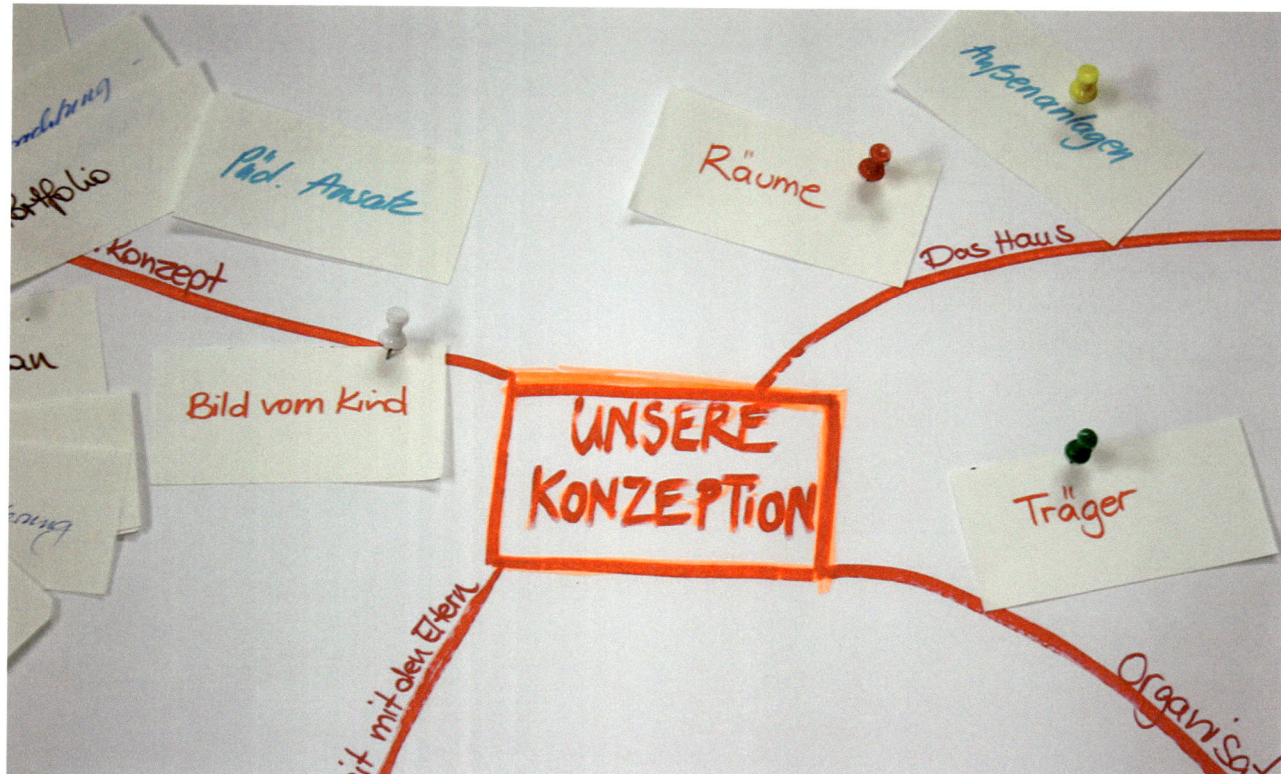

Mindmap mit Straßen und Wegen als „Gedankenkarte"

Der rote Faden –
Unser Schwerpunkt, unser Anliegen

In der Kita-Konzeption stellen Sie die Arbeitsweise Ihres Teams dar und erklären Ihr pädagogisches Handeln, Ihr Denken und Tun. Deshalb ist es wichtig, dass Ihre Haltung auch durchgehend in der Konzeption zu spüren ist. Sie muss sich wie ein roter Faden durch den Text ziehen, ebenso die pädagogische Ausrichtung bzw. der Ansatz Ihres pädagogischen Handelns.

Wichtig

Alle Behauptungen, die Sie im Text aufstellen, müssen sich auch innerhalb der Konzeption bestätigen. Wenn Sie sagen: „Umweltschutz ist uns ein wichtiges Anliegen", muss sich das auch in der gesamten Konzeption widerspiegeln, z. B. bestehen Spielmaterialien aus Naturmaterial und die Kinder lernen, Müll zu vermeiden und zu trennen.

Um also den Lesern verständlich zu machen, wie Ihre Haltung zu Erziehungs- und Bildungsfragen ist, wie Sie konkret mit den Kindern umgehen, müssen Sie im gesamten Konzeptionstext auf Authentizität achten.

Nehmen wir also an, Ihre Kita hat sich als Schwerpunkt Naturwissenschaften auf die Fahnen geschrieben. So sollte in der Konzeption gleich zu Beginn Folgendes zu lesen sein:

In unserer Kita werden die Kinder zu kleinen Forschern. Wir achten darauf, dass sie viel ausprobieren und eigene Lösungen erarbeiten können. Wir ermöglichen Versuchsreihen und ermuntern die Kinder, immer nachzufragen, wenn sie etwas wissen möchten oder nicht verstehen.

In dem Kapitel über die einzelnen Bildungsbereiche formuliert das Team zur kreativen Erziehung dann:

Wir stellen den Kindern verschiedene Künstler und Kunstrichtungen vor. So lernen sie unterschiedliche künstlerische Techniken kennen. Basteln findet bei uns sehr individuell statt. Wir geben den Kindern keine Schablonen, sondern regen sie an, selbst Formen und Farben zusammenzustellen.

Wo erkennen Sie hier den Schwerpunkt wieder?

Tipp

Wenn Sie Ihre alte Konzeption überarbeiten möchten, sollten Sie bei jedem Punkt genau überprüfen, ob der „rote Faden" zu erkennen ist.

Das bedeutet für die Auswahl Ihrer Gliederungspunkte, dass Sie alle auf ihre Relevanz für den Schwerpunkt prüfen müssen.

Fragen Sie beispielsweise:

- ✔ Verdeutlicht dieser Punkt unsere praktische Arbeit?
- ✔ Lässt sich aus dem Aspekt unser pädagogischer Ansatz herauslesen?
- ✔ Lässt sich der Schwerpunkt dadurch verdeutlichen?
- ✔ Entspricht der Gliederungspunkt unseren Werten und unserer Haltung zum Kind?

Was nicht relevant ist, sortieren Sie aus. Doch heben Sie die Ideen trotzdem in einem Sammelordner auf. Vielleicht merken Sie später, dass die eine oder andere These oder Erläuterung doch wichtig für die Konzeption ist.

Tipp

Um den „roten Faden" zu visualisieren und zu verinnerlichen, nehmen Sie einen echten roten Faden. Am besten eignet sich ein breites Geschenkband. Schreiben Sie darauf den Leitsatz oder die Schwerpunkte, die Sie im Team erarbeitet haben, und legen Sie den Faden auf das Sammelsurium an Kärtchen auf dem Boden oder pinnen Sie ihn an die Pinnwand mit der Mindmap. Beim Strukturieren der Ideen legen Sie die Kärtchen immer neben oder auf das Band, sodass es durch die gesamte Konzeption läuft.

Wenn Sie eine alte Konzeption überarbeiten, erfordert das eine genaue Evaluation Ihrer Arbeitsweise in Bezug auf die einzelnen Gliederungspunkte. Sie müssen also nicht nur überprüfen, ob alle Inhalte durch den „roten Faden" miteinander verbunden sind, sondern grundsätzlich prüfen, ob die Inhalte überhaupt noch stimmen. Setzen Sie tatsächlich alles so um, wie es in der Konzeption steht? Entsprechen die Zielvorgaben noch dem aktuellen Stand?

Die **Kopiervorlage „Evaluation"** (S. 44) unterstützt Sie bei der Prüfung: Sie bietet genug Platz, um einen oder auch mehrere Gliederungspunkte der alten Konzeption durchzusehen. Notieren Sie wie im Beispiel, welche Zielvorgaben Sie damals formuliert haben und ob Sie diese so noch umsetzen. Vorschläge zur Verbesserung schreiben Sie in die letzte Spalte. In der Spalte „Roter Faden" halten Sie fest, ob der Gliederungspunkt und die Formulierungen tatsächlich Ihren Leitgedanken widerspiegeln.

Der rote Faden hält alles zusammen.

Punkt/Titel	Zielvorgabe	„Roter Faden"	Bisher umgesetzt/ ist etabliert	Das fehlt/gelingt nicht – weil …	Vorschlag
1. Bewegung und Körper	• Den Alltag bewegter gestalten, • So oft wie möglich rausgehen	√	• Räume offen gestaltet, damit mehr Platz für Bewegung ist • Morgenkreis kontinuierlich mit viel Bewegung von Finger- bis Kreisspielen	Häufiger rausgehen in den Garten und den Park – weil oft Personal fehlt	Eine Person ist zu bestimmten Zeiten fest im Garten, damit alle Gruppen die Kinder in Kleingruppen rausschicken können.

Punkt/Titel	Zielvorgabe	„Roter Faden"	Bisher umgesetzt/ ist etabliert	Das fehlt/gelingt nicht – weil …	Vorschlag

Aufgeschrieben und ausgedruckt –

5. Unsere Kita-Konzeption

Die Konzeption strukturieren –

Beispiele

Sie haben gesammelt und sortiert, was Ihre Konzeption beinhalten soll. Außerdem sind Sie sich im Team einig, welche Gliederungspunkte wichtig sind und haben in Kleingruppen bereits erste Texte erarbeitet. Die nächste Aufgabe besteht nun darin, die Punkte so zu strukturieren, dass eine übersichtliche Gliederung entsteht. Dafür gibt es verschiedene Möglichkeiten:

Von außen nach innen

Stellen Sie sich vor, Sie laufen auf ein Gebäude zu, betreten es und gehen in einen der Räume hinein. Nun sehen Sie, was sich im Zimmer befindet. Nach und nach erfahren Sie, was darin passiert. So kön-

nen Sie auch Ihre Konzeption aufbauen – von außen nach innen.

Von innen nach außen

Hierbei beginnen Sie mit dem Schwerpunkt Ihrer pädagogischen Arbeit:

Wie arbeiten wir? Z. B. „Wir arbeiten nach dem situationsorientierten Ansatz."

Warum arbeiten wir so? Z. B. „Durch die situationsorientiere Gestaltung unseres Miteinanders können wir besonders gut auf die individuellen Bedürfnisse und Ideen der Kinder eingehen."

BEISPIEL

1. Im Mittelpunkt steht das Kind
   1.1. Bindung
   1.2. Vertrauen
   1.3. Sicherheit
   1.4. Partizipation
   1.5. Individuelle Entwicklung
   1.6. Selbstständigkeit

Ist Ihre Einrichtung eine regelrechte Kreativ-Werkstatt für Kinder, dann sollte sich das auch in den Überschriften widerspiegeln. Formulieren Sie beispielsweise „Klecksen und Kleckern – unsere Malwerkstatt". Lesen Sie zum Thema Überschriften auch S. 66 ff.

Wenn Sie das Gefühl haben, möglicherweise einen wichtigen Punkt in Ihrer Gliederung vergessen zu haben, orientieren Sie sich am Bildungsplan oder an den Qualitätsstandards (siehe Buchtipp). Hier sind alle Bereiche der pädagogischen, erzieherischen und pflegerischen Arbeit in einer sozialpädagogischen Einrichtung detailliert aufgeführt.

Aber: Schreiben Sie die Gliederung nicht einfach ab und kopieren Sie auch nicht die Formulierungen. Ihre Konzeption muss wie auch Ihre Arbeit individuell gefärbt sein und von Ihnen selbst formuliert werden.

Vielleicht möchten Sie aber schon im Aufbau der Gliederung verdeutlichen, was Ihnen besonders wichtig ist. Dann beginnen Sie etwa mit dem Oberpunkt „Ankommen und Eingewöhnen" und führen hier Stichworte auf, wie

Begrüßung
Morgenkreis
Eingewöhnungsmodell
Patenschaften

Buchtipp

Tietze, Wolfgang; Viernickel, Susanne (Hrsg.); Dittrich, Irene; Grenner, Katja; Groot-Wilken, Bernd; Sommerfeld, Verena; Hanisch, Andrea:
Pädagogische Qualität in Tageseinrichtungen für Kinder
Ein nationaler Kriterienkatalog (4. Auflage)
Cornelsen Schulverlage, Berlin, 2013.
ISBN 978-3-589-24535-2

Wichtig ist, dass Ihre Gliederung konsequent ist. Schreiben Sie also nicht einmal ganz nüchtern „Die Räume" und ein anderes Mal „Hier bewegt sich was". Vereinheitlichen Sie die Überschriften, sodass ein durchgängiges Bild entsteht.

Legt Ihre Kita besonders viel Wert auf Sprache und stellt Bildung grundsätzlich an oberste Stelle? Dann sollte auch die Gliederung das entsprechend widerspiegeln, z. B. „Kreatives Gestalten – Kinder entfalten ihr schöpferisches Talent".

✓ Vorwort (Was ist eine Konzeption? Wer hat sie erstellt? Wie ist der gesetzliche Hintergrund?)

✓ Die Einrichtung (Geschichte, Hintergründe, Umfeld, soziales Leben)

✓ Organisation der Einrichtung (Träger und seine Aufgaben, Finanzierung, Gemeinde)

✓ Das Haus (Gebäude, Räume, Garten, Außenanlagen)

✓ Die Kita (Gruppen, Größe, Personal, Öffnungszeiten, Schließzeiten, Aufnahmeverfahren, Kosten)

✓ Die pädagogische Arbeit (Ansatz, Arbeitsweise, Schwerpunkte und Ziele – Bildungsplan)

✓ Elternzusammenarbeit

✓ Teamarbeit

✓ Öffnung nach außen (Zusammenarbeit mit anderen Institutionen, Beratungsstellen, Hilfestellen)

✓ Öffentlichkeitsarbeit

Ein Kindergarten könnte solch eine Gliederung für die Konzeption zusammenstellen:

1. Einführung, Geschichte des Kindergartens
2. Service: Öffnungszeiten, Kontaktdaten, Preise
3. Räumlichkeiten
4. Tagesablauf
5. Unser Bild vom Kind
6. Förderziele und Schwerpunkte
7. Bildungsplan und Umsetzung
8. Kinder unter 3 Jahren und Schulkinder
9. Inklusion
10. Qualitätssicherung
11. Elternarbeit

Ulrich Braun schlägt in seinem Buch „Frühkindliche Bildung" unter anderem folgende Gliederung vor:

1. Einleitung/Grundsätzliches
    1.1   Wie ist das Konzept zu verstehen?
    1.2   Bild vom Kind

2. Beschreibung des Trägers
    2.1   Auftrag
    2.2   Struktur
    2.3   Vernetzung

3. Rahmenbedingungen
    3.1   Geschichte der Einrichtung
    3.2   Räume und Personal
    3.3   Aufnahme/Kosten/Schließzeiten

4. Pädagogischer Ansatz und Arbeitsweise der Einrichtung
    4.1   Gruppenoffene Arbeit
    4.2   Umgang mit Räumen und Material
    4.3   Rolle der Erzieherin
    4.4   Pädagogische Planung
    4.5   Eingewöhnung
    4.6   Das Bildungsangebot unserer Einrichtung
    4.7   Interkulturelles Zusammenleben
    4.8   Umgang mit Konflikten
    4.9   Sprachförderung
    4.10 Geschlechtsspezifische Erziehung
    4.11 Integration
    4.12 Förderung der Schulbereitschaft
    4.13 Außenaktivitäten

5. Die Bereiche stellen sich vor
    5.1   Grundsätzliches zur Zusammenarbeit zwischen den Bereichen
    5.2   Die Struktur der Bereiche
    5.3   Raumkonzept
    5.4   Tagesablauf

6. Essen/Gesundheitserziehung
    6.1   Grundsätzliches
    6.2   Essensangebot
    6.3   Gesundheitserziehung

7. Besondere Angebote
    7.1   Feste und Feiern
    7.2   Kinderreisen

8.   Zusammenarbeit mit Eltern
   8.1   Grundsätzliches
   8.2   Umgang mit Rückmeldungen
   8.3   Gremien/Mitwirkungsmöglichkeiten
   8.4   Aufgaben und Rechte der Elternvertretung

9.   Außenkontakte der Einrichtung
   9.1   Schulen
   9.2   Gremien
   9.3   Andere Träger

10. Schlusswort

(Vgl. Braun, 2006)

Eine sehr übersichtliche Gliederung findet man auch online bei der Kita „**Elstal**" (www.kita-elstal.de/page2/page2.html). Sie wird als Download angeboten.

1.   Wer wir sind (Einrichtung/Träger stellen sich vor)
    1.1.   Die KITA Kinderland
    1.2.   Zur Geschichte der KITA Kinderland
    1.3.   Zur Mitarbeit im Trägerverein

2.   Pädagogische Arbeit
    2.1.   Grundanliegen der pädagogischen Arbeit
    2.2.   Die Bildungsbereiche

Bildung als ganzheitlicher Lernprozess

Bildungsbereich 1: Körper, Bewegung und Gesundheit
balancieren – springen – klettern – entspannen – essen und trinken

Bildungsbereich 2: Sprache, Kommunikation und Schriftkultur – die Welt der Zeichen
hören – sprechen – schreiben – lesen

Bildungsbereich 3: Musik
Musik hören – spielen – singen – tanzen

Bildungsbereich 4: Darstellen und Gestalten
100 Sprachen, um die Welt zu verstehen

Bildungsbereich 5: Mathematik und Naturwissenschaft
neugierig sein – erkunden – untersuchen

Bildungsbereich 6: Soziales Leben
das Selbst und die anderen – zwei Seiten einer Medaille

Tagesablauf in der Hausgruppe

    2.3.   Die Vorschularbeit
    2.4.   Spezielle Anliegen der waldpädagogischen Arbeit
        2.4.1.   Ganzheitliches, entdeckendes Lernen in und durch die Natur
        2.4.2.   Sinneserfahrung und Wahrnehmung (der Natur) aus erster Hand
        2.4.3.   Spielzeug zerbricht – Erlebnisse bleiben!
        2.4.4.   Bewegung tut gut!
        2.4.5.   Schaffung einer langfristigen Naturverbundenheit
                Tagesablauf in der Waldgruppe
                Regeln der Waldgruppe
    2.5.   Spezielle Anliegen der religionspädagogischen Arbeit
    2.6.   Kooperationspartner

3. Kindertagesstättenordnung
    3.1.   Platzvergabe
    3.2.   Betreuungszeiten
    3.3.   Beitragszahlung
    3.4.   Aufnahme
    3.5.   Betreuungsvertrag
    3.6.   Erkrankung des Kindes
    3.7.   Aufsichtspflicht und Versicherung
    3.8.   Schließzeiten der Kita
    3.9.   Hinweise für den Besuch der Kita
           Allgemeine Hinweise für die gesamte Kita
           Organisatorische Hinweise für die Waldgruppe
           Sicherheit und Gesundheit im Wald
    3.10. Mitarbeit der Eltern
    3.11. Anerkennung der Kindertagesstättenordnung

Beispiel: Inhaltsverzeichnis des Waldkindergartens „Die Waldwichtel"

Vorwort

✓ Die Waldwichtel
  • Ideeller Hintergrund
  • Geschichte
✓ Organisation
  • Träger, Vorstand und Teamstruktur
  • Örtliche Gegebenheiten
  • Öffnungszeiten
  • Kosten
  • Sicherheit und Gesundheit
✓ Das Waldwichtel-Team
  • Aufgaben und Schwerpunkte
  • Beobachtung, Dokumentation und Förderung
✓ Das Leben im Waldwichtel-Wald
  • Ein Tagesablauf
  • Pädagogischer Hintergrund
  • Umsetzung des Bildungsplans
    • Sprache, Schrift, Kommunikation
    • Naturwissenschaft, Technik, Mathematik
    • Natur und Umwelt
    • Kreatives Gestalten und Erleben, Musikalische Auseinandersetzung
    • Bewegung, Gesundheit, Körperbewusstsein
    • Soziales Miteinander, ethische und moralische Erziehung
  • Schulvorbereitung
  • Ausflüge, Feste und Aktionen
✓ Elternmitarbeit
✓ Zusammenarbeit mit anderen Institutionen

Eine andere, sehr **kompakte Hortkonzeption** hat organisatorische Themen ausgeklammert. Die Unterlagen dafür gibt es mit den Anmeldeformularen.

1.   Pädagogische Zielsetzung
     1.1   Freizeitergänzend
     1.2   Familienergänzend
     1.3   Schulergänzend

2.   Elternarbeit

3.   Der Hortalltag
     3.1   Öffnungszeiten
     3.2   Ferien-Öffnung
     3.3   Ein Tagesablauf
     3.4   Räumlichkeiten
     3.5   Feste und Feiern
     3.6   Besondere Aktivitäten
     3.7   Projekte

Die Konzeption formulieren –
Schritt für Schritt

Sie haben nun alle Punkte gesammelt, die Sie in der Konzeption auf- und ausführen möchten. In Kleingruppen hat das Team bereits Stichpunkte zu allen Überschriften erarbeitet und teilweise auch bereits Texte verfasst. Jetzt geht es endlich ans Schreiben!

Die Gliederung haben Sie vielleicht sogar schon in einem Dokument Ihres Textverarbeitungsprogramms als Inhaltsverzeichnis eingefügt (siehe Anleitung S. 67).

Um den Text auszuformulieren, hangeln Sie sich an Ihrer Gliederung entlang. Dabei spielt es keine Rolle, ob Sie mit der Einleitung beginnen und Punkt für Punkt nacheinander das gesamte Verzeichnis bearbeiten oder bestimmte Kapitel vorziehen. Wichtig ist nur, dass Sie den „roten Faden" bei der Arbeit nicht verlieren. Empfehlenswert ist deshalb, zunächst einen Entwurf für das Kapitel „Unsere Schwerpunkte" oder „Unser Leitbild" bzw. „Unsere pädagogischen Ziele" zu erarbeiten. Dieses Leitbild sollte sich, wie bereits erwähnt, durch alle anderen Kapitel ziehen und begleitet Sie bei Ihrer Arbeit.

BEISPIEL

Unsere Kita hat sich ganz der Kreativität verschrieben und das Team legt besonderen Wert darauf, dass sich die Kinder frei entfalten können und ihre schöpferischen Fähigkeiten entdecken und weiterentwickeln – und zwar in allen Lebensbereichen. Jede der Mitarbeiterinnen hat selbst kreative Ideen und persönliche Schwerpunkte, die sie in die Arbeit einbringt. Ihre pädagogische Haltung ist geprägt von Wertschätzung, Achtsamkeit und Respekt. So möchte sie jedem Kind die Möglichkeit geben, sich frei und selbstbewusst zu entfalten.

Doch so richtig kann man sich noch nicht vorstellen, wie dort gearbeitet wird.

Der „Wald-Kreativ-Kindergarten" in Neuried bei München hat sein Konzept entsprechend der Schwerpunkte recht ausführlich dargestellt. Folgendes steht auf der Website über Kreativitätspädagogik:

Kreativitätspädagogik

Die Kinder erhalten umfassende Möglichkeiten, um ihre schöpferischen Kräfte kennenzulernen und mit Hilfe von unterschiedlichen Materialien zu entwickeln. Kreativitätserziehung will Kinder in allen Lebensbereichen ermutigen, eigene Gedanken, Gefühle, Vorstellungen auszudrücken. Dabei ist Respekt dem Kind gegenüber die wichtigste Aufgabe des Pädagogen. Wir schaffen eine Atmosphäre, in der die Kinder die Sicherheit haben, dass ihr kreatives Tun ernst genommen und die Ergebnisse wertgeschätzt werden. Nicht nur Singen, Musizieren, Tanzen, sich bewegen, Malen und Bücher stehen im Mittelpunkt. Wir ermutigen die Kinder auch zu Phantasiegeschichten, zum Rollen- und Theaterspiel.

Quelle: http://www.wald-kreativ-kiga.de/?Wald-Kreativ-Kindergarten:Konzept

Der Unterschied zum Beispiel auf S. 53 ist sehr deutlich. Hier formulieren die Verfasser ausführlich und konkret, wie sie den Kindern Kreativität ermöglichen. So kann sich der Leser schon recht gut vorstellen, wie der Alltag in der Kita aussieht.

Wenn Sie also Ihr Leitbild oder die Schwerpunkte der Kita ausformulieren, schreiben Sie genau so, wie Sie es meinen!

Der allererste Entwurf ist meist gar nicht so schlecht, denn hier erzählen Sie darüber, wie Sie arbeiten und vor allem warum. Versuchen Sie, diesen Text noch etwas fachlicher und aussagekräftiger zu formulieren. Details zum Personal und zu konkreten Methoden können Sie dann später in den jeweiligen Unterpunkten erläutern.

BEISPIEL

Ein sehr schönes Beispiel für ein Leitbild finden Sie auf der Internetseite des katholischen Kindergartens „Arche Noah" in Gladenbach. Hier ein Auszug:

Anvertraut ...
Dieser Begriff klingt nach Vertrauen, danach, dass ein Kind sich geborgen fühlen kann.
Eine Atmosphäre des Vertrauens ist ein wichtiger Baustein in der Persönlichkeitsentwicklung.
Für uns ist es von großer Bedeutung, dass jedes Kind sich angenommen fühlt, und aktive, positive Zuwendung, Wärme bei uns erfährt. Wir begegnen jedem Kind mit Achtung, nehmen es ernst und respektieren es in seinen Äußerungen, Fragen, Ängsten und Gefühlen.

Im Rahmen seiner individuellen Entwicklung geben wir dem Kind Hilfen und Richtlinien, an denen es sich festhalten und wachsen kann. Mit großer Aufmerksamkeit beobachten wir die Kinder, um sie in ihren Fähigkeiten und Fertigkeiten zu stärken.

Quelle: http://www.archenoahgladenbach.de/konzept.html

Aus Ihrem Leitgedanken und den Schwerpunkten der Kita entwickeln Sie eine Checkliste. Mithilfe dieser Checkliste können alle Mitautorinnen ihre jeweiligen Texte auf Stimmigkeit überprüfen.

Folgende Checkliste kann genutzt werden, um die Texte auf ihren Bezug zu unserem Leitbild oder unserem Schwerpunkt zu prüfen:

Leitsatz:

Wir arbeiten stets kindzentriert. Das bedeutet, die Bedürfnisse, Interessen und Wahrnehmungen des einzelnen Kindes sowie der Gruppe als sozialem Gefüge sind Ausgangspunkt unseres pädagogischen Handelns.

1. *Überschrift prüfen*

2. *Fachliche Einführung prüfen*

3. *Didaktik – unsere Ziele, unser Hintergrund*

4. *Methodik – wie setzen wir die pädagogischen Ziele praktisch um?*

Diese Checkliste lässt sich auf alle Kapitel der Konzeption anwenden, egal wie Sie konkret formulieren.

Wenn Sie die Bildungsbereiche erläutern möchten, können Sie ein Raster erstellen, das allen Beteiligten hilft, ihren Text zu strukturieren. So erhält der Gesamttext ein übersichtliches und einheitliches Bild. Das erhöht die Lesbarkeit und hilft, die Inhalte zu verstehen.

Hinweis

Geübte Texter lockern einzelne Kapitel bewusst auf, indem sie dieses Raster immer wieder durchbrechen und z. B. Interviews, einen Liedtext, Zitate oder ein praktisches Beispiel einfügen.

Raster Bildungsbereiche

These:

- *Dieser Bildungsbereich ist für alle wichtig, weil … (fachlicher Hintergrund).*

- *Erklärung, was passiert, wenn die Kinder sich darauf einlassen, z. B. auf Bewegung. Welche Kompetenzen erwerben sie?*

Deshalb macht die Kita das so:

- *Unser Kindergarten …*
  hat folgende Räume …
  setzt … folgendermaßen um
  regt im Alltag … an
  dabei beobachten wir …
  schlussfolgern wir …
  können dies und jenes ableiten/anbieten/fördern …

Welcher Bereich ist wo:

- *z. B. der Bewegungsraum befindet sich im Untergeschoss*

- *Es findet dort statt: Spiele, Sport, Spaß, Veranstaltungen usw.*

- *Die Kinder lernen und erleben, erwerben Kompetenzen usw.*

BEISPIEL

Bildungsbereich Naturwissenschaften und Technik:
Technisches Verständnis und das Interesse an Naturwissenschaften sind wichtig für das Fortbestehen unserer hochentwickelten Kultur. Nur wenn Kinder sich schon früh mit naturwissenschaftlichen Phänomenen auseinandersetzen und jederzeit ermuntert werden, selbst zu forschen, zu analysieren, zu beobachten und auszuprobieren, können sie Zusammenhänge verstehen lernen und entwickeln ein natürliches Interesse daran. Unser Raum- und Materialkonzept ermöglicht den Kindern, jederzeit zu forschen, auszuprobieren und mit allen Sinnen zu erleben. Wir bieten ihnen verschiedene Materialien zum Spielen, Bauen und Konstruieren an. Fertige Spielsachen gibt es hingegen nur wenige. So bleibt Raum für eigene kreative Ideen und Erfindungen.
Nach dem Prinzip „Hilf mir, es selbst zu tun!" ermuntern wir die Kinder, ihre technischen und wissenschaftlichen Fragen zunächst selbst zu beantworten. Wir unterstützen sie durch Impulse und nötigenfalls durch weiteres Wissen oder gemeinsame Recherche.

Hinweis

Einige Beispiele für Formulierungen sollen Ihnen die Arbeit erleichtern. Lesen Sie dazu die Seiten 81 bis 91.

Achten Sie bei der Formulierung Ihrer Konzeption unbedingt auf **Datenschutz und Urheberrechte**! Dies betrifft insbesondere die **Verwendung von fremden Bildern und Texten**. Ist der Text nicht explizit für Ihre Konzeption geschrieben bzw. das Bild fotografiert oder gezeichnet worden, müssen Sie die Rechte für den Abdruck darin erwerben. Das bedeutet, der Urheber muss genehmigen, dass Sie sein Werk verwenden.

Benutzen Sie also lieber nur Texte, Fotos und Bilder, die kostenfrei zur Verfügung gestellt werden.

Möchten Sie Textpassagen aus anderen Konzeptionen oder aus Büchern zitieren, müssen Sie kennzeichnen, wer den Text im Original verfasst hat und wo man ihn lesen kann. Zusätzlich erstellen Sie am Ende der Konzeption ein Literaturverzeichnis und führen dort noch einmal alle Quellen auf.

BEISPIEL

Bei uns dürfen die Kinder jederzeit im Garten spielen. (vgl. Kita Supertoll)

Die voluminöse Expansion ist reziprok proportional zur intellektuellen Kapazität ihrer Produzenten. (Sauschlau, 1784)

Literatur

Kita-Supertoll: **Unsere Konzeption.** Katholische Kita Supertoll, Karlstr. 14, 90901 Müllersberg, 2012.

Sauschlau, Karl-Theodor: **Von dummen Bauern und großen Kartoffeln,** Hirnverlag, Bad Wissing, 1784.

Wie zitiert man richtig?

Wörtliche Zitate:

✔ Ein Zitat sollten Sie in Anführungszeichen setzen oder kursiv markieren.

✔ Wörtlich zitieren bedeutet, exakt den Text zu übernehmen, auch mögliche Fehler!

✔ Lassen Sie Textstellen aus, markieren Sie die Auslassung mit eckigen Klammern: *[...]*

✔ Paraphrasen, auch als angelehnte Zitate bezeichnet, sind inhaltliche Wiedergaben eines Textes in Ihren Worten. Die Quelle geben Sie folgendermaßen an: Schreiben Sie in der Quellenangabe *„Vgl."* oder *„Siehe".*

✔ Benutzen Sie indirekte Rede, wenn Sie wiedergeben, was jemand anderes sagt. Nutzen Sie dafür unbedingt den Konjunktiv, etwa: *Wagner stellt fest, die Konzeption sei …*

✔ Wichtig: Achten Sie darauf, Inhalte nicht zu verfälschen.

Hinweis

Hier finden Sie Regelungen, wie Sie aus dem Internet zitieren:

http://www.mediensprache.net/de/publishing/pubs/1/short-guide/zitieren.aspx

Inhalte –

Das sind wir und so arbeiten wir

Stellen Sie Ihre **Räume** vor: Zeichnen Sie eine Skizze des Grundrisses. Schreiben Sie auf, wie die Räume aussehen, wie sie ausgestattet sind, und ergänzen Sie dies mit Fotos. Sehr interessant sind für die Leser auch Zeichnungen oder Berichte von Kindern, die den Raum beschreiben.

BEISPIEL

Die Kinderkrippe „Himpelpimpel" befindet sich in einer Erdgeschosswohnung eines Vierfamilienhauses mitten in einer Wohnsiedlung. Die Wohnung wurde 2009 nach den aktuellen gesetzlichen Vorgaben für die Krippennutzung umgebaut.

Sie betreten die Krippe durch eine breite Eingangstür, die sowohl für einen Zwillings- kinderwagen als auch für große Rollstühle Platz bietet. Unser Flur ist 2,50 Meter breit. An der Wand auf der rechten Seite befindet sich die Garderobe mit Haken, Fächern für Mützen und Kleinigkeiten sowie einer Bank mit einem Fach für die Schuhe. Auf der linken Seite, also gegenüber, haben wir einen großen Wandspiegel auf Bodenhöhe angebracht, damit sich die Kinder selbst beim An- und Ausziehen betrachten können. Hinter der Garderobe geht es auf der rechten Seite durch eine Tür in das Zimmer der Elfengruppe. Der 40 Quadratmeter große Raum mit großen, bodentiefen Fenstern auf der gegenüberliegenden Seite der Tür ist hell und freundlich. Da die Deckenhöhe nur 2,50 Meter beträgt, hält sich der Lärmpegel stets auf einem angenehmen Level.

Zusätzlich ist etwa die Hälfte des Raumes mit einem dicken, rutschfes- ten Teppich ausgestattet, der sowohl Geräusche dämmt als auch wärmt und angenehm weich ist. Das gesamte Zimmer ist mit altem Parkett ausge- stattet, das im Zuge des Umbaus neu aufgearbeitet wurde.

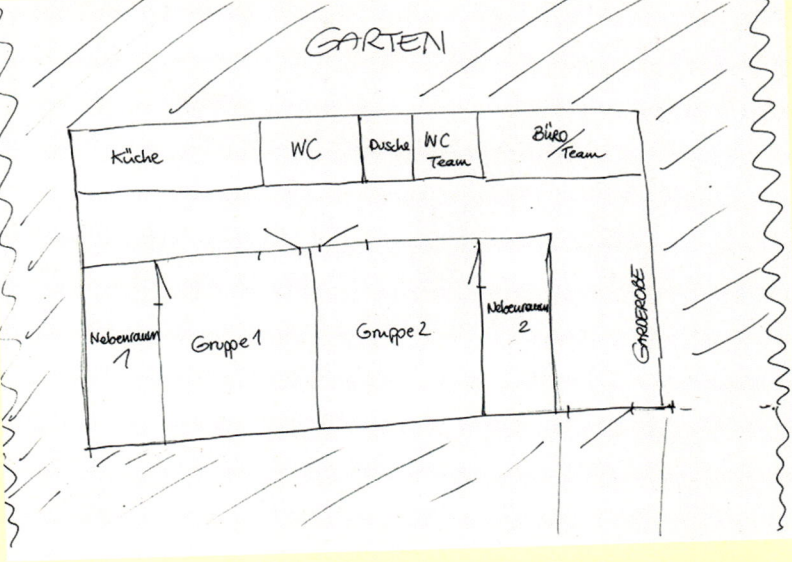

„**Unser Team**" – so stellen Sie Ihre Kolleginnen und sich vor. Dabei achten Sie darauf, dass Sie auch Ihre fachliche Qualifikation deutlich machen. Das geschieht, indem Sie sich auf sachliche Beschreibungen beschränken und keine persönlichen Details nennen. Sinnvoll ist es, innerhalb der Konzeption nur auf die Berufsbezeichnungen einzugehen und deren Funktion zu erläutern. Die Namen der Kolleginnen, die aktuell diese Funktion einnehmen, lassen Sie weg. So müssen Sie nicht bei jedem Stellenwechsel diesen Teil der Konzeption neu schreiben.

BEISPIEL

Das Team besteht aus drei Erzieherinnen und drei Kinderpflegerinnen. In jeder unserer drei Gruppen arbeitet ein Kleinteam aus einer Erzieherin und einer Kinderpflegerin zusammen.

Die Konzeption verbessern –
Lesen, korrigieren und kürzen

Damit die Texte fehlerfrei und grammatikalisch richtig sind, aber auch sinnvoll formuliert und verständlich, lassen Sie sie von mehreren Personen gegenlesen.

Jedes Teammitglied erhält eine Datei oder einen Ausdruck. Fehler werden angestrichen bzw. korrigiert. Die Kolleginnen können Ergänzungen und Streichungen vornehmen. Einigen Sie sich im Voraus auf eine einheitliche Vorgehensweise. Etwa so: Die Textstelle, die ersetzt werden soll, durchstreichen und eine Zahl dazuschreiben. Auf der Rückseite oder einem extra Blatt genau diese Zahl notieren und dazu den korrigierten Text. Ergänzungen können ebenfalls auf diese Weise eingefügt werden.

Alternativ können Sie z. B. auch die Korrekturzeichen nach DIN 16 511 verwenden. Diese finden Sie vorn im „Duden 1. Band, Die deutsche Rechtschreibung".

Wenn alle Texte korrigiert sind, sollte sich eine Person alle Korrekturen noch einmal kritisch ansehen, anschließend umsetzen und Schreibweisen und Ausdrücke angleichen.

Jetzt steht die erste Fassung Ihrer Konzeption! Es ist empfehlenswert, nun noch einmal eine automatische Rechtschreib- und Grammatikprüfung durchzuführen. Dazu können Sie Ihr Textverarbeitungsprogramm nutzen, z. B. Microsoft Word 2010.

BEISPIEL

Nachmittags spielen die Kinder[1] im Garten und[2] im Raum[3]. Wir regen die Kinder an, sich viel zu bewegen.

[1] bei schönem Wetter
[2] bei Regen
[3] Turnr

Tipp

So prüfen Sie Grammatik und Rechtschreibung: Klicken Sie in der Menüleiste auf „Überprüfen" – „Rechtschreibung und Grammatik". Es öffnet sich ein Fenster. Hier können Sie entscheiden, was Sie ändern möchten und was bleiben soll.

Lassen Sie die Konzeption nach der automatischen Korrektur aber unbedingt noch von mindestens zwei sprachlich versierten Personen Korrektur lesen.

Spätestens vor der Veröffentlichung muss eine befugte Person des Trägers Ihre Konzeption noch einmal gegenlesen. Falls nun noch Wünsche und Anregungen geäußert werden, müssen Sie ermöglichen, diese nachträglich in den Text einzubauen. Überlegen Sie also gut, ob Sie das Gegenlesen nicht vor der Endkorrektur abschließen können. Lassen Sie sich auf jeden Fall eine Unterschrift zur Freigabe der Konzeption geben.

Erst nach all diesen Korrekturen ist die Konzeption fertig.

Vorne und hinten –
Deckblatt, Einleitung und Impressum

Damit Ihre Konzeption rundum gut aussieht und die Leser informiert, sollten Sie ein ansprechendes Deckblatt gestalten. Dabei ist gleichgültig, ob Sie nur Schrift oder auch Bilder oder Grafiken verwenden. Sie sollten aber in jedem Fall Ihr eigenes Logo abbilden. Dazu kommt der Titel, etwa *Konzeption der Kita Sonnenschein*. Geben Sie auf dem Deckblatt zudem das Erstellungsdatum und die Fassung mit laufender Nummer an, z. B. *„4. Fassung vom 29.03.2014“*. So kann der Leser auf den ersten Blick erkennen, worum es sich handelt und wann die Konzeption erstellt wurde.

Bitten Sie kreative Eltern oder Kolleginnen, das Deckblatt mit dem Kita-Logo zu entwerfen, und entscheiden Sie dann gemeinsam, welche Version am besten zur Einrichtung passt.

Das **Vorwort** einer Konzeption erscheint vielen Erzieherinnen unwichtig. Natürlich liest es nicht jeder. Wer schnelle Informationen braucht, wird es überblättern und sich gleich durch das Inhaltsverzeichnis arbeiten, um die gesuchte Seite zu finden. Trotzdem oder gerade deshalb sollten Sie besonders großen Wert auf das Vorwort legen.

Folgendes kann in einem Vorwort stehen:

- ✓ ein Grußwort des Trägers
- ✓ einleitende Worte zum Umgang mit der Konzeption
- ✓ rechtliche und auch arbeitstechnische Hintergründe einer Konzeption
- ✓ geschichtliche Hintergründe zu Ihrer Einrichtung
- ✓ Auszüge aus Ihrem Leitbild bzw. Beweggründe für Sie, aufzuschreiben, wie Sie arbeiten

Wenn Sie viel Text für Ihr Vorwort zusammenbekommen, sollten Sie gerade hier auf eine lockere Gliederung in Abschnitte achten. Markieren Sie Schlagwörter fett und ergänzen Sie den Text durch Bilder oder eine Grafik. Das erhöht die Lesbarkeit.

Das **Impressum** dient der Übersicht darüber, wer die Konzeption verfasst hat und wer für deren Erscheinen verantwortlich ist. Hier nennen Sie die Namen aller Beteiligten und deren Funktion bei der Erstellung der Konzeption, sofern es z. B. eine Schriftführerin gab. Zusätzlich notieren Sie alle relevanten Kontaktdaten, wie die Adresse der Einrichtung und des Trägers sowie deren Telefonnummern, Internetadressen und E-Mail-Adressen. Hier gehört auch die Information hin, wer die Konzeption gedruckt hat, falls dies außer Haus geschah. Ergänzen Sie unbedingt das Datum der Fertigstellung, falls es nicht schon auf dem Deckblatt steht.

Zum Vorwort können viele Seiten etwas beitragen.

Die Konzeption in Kurzform –

Tipps

Mit dem richtigen Werkzeug ist die Konzeption schnell gekürzt.

Die fertige Konzeption hat vermutlich einen Umfang von mindestens zehn Seiten. Wenn sich Eltern und andere Interessierte nur ein erstes Bild von der Kita und Ihrer Arbeit machen möchten, sind das etwa sieben Seiten zu viel.

Drei Seiten Text, übersichtlich strukturiert und in lockere Absätze gegliedert, ist das Maß, das die meisten Leser „verkraften", ohne den Text beiseitezulegen oder ihn nicht zu verstehen. Formulieren Sie also eine Kurzform Ihrer Konzeption für Eilige, Schnellinformierer und nicht zuletzt auch für Ihre Kita-Website.

Als Form bietet sich an, einen Flyer, ein Leporello oder ein kleines Heft zu erstellen. Solche Hefte können Sie entweder selbst kleben (mit einer entsprechenden Maschine) oder Sie besorgen Kunststoffschieber. Diese nehmen ca. zehn Seiten auf, sodass Sie die Seitenzahl auch variieren können, wenn Sie z. B. die Anmeldeformulare beilegen wollen.

Auf der nächsten Seite finden Sie eine Übersicht, wie Sie vorgehen können, wenn Sie die Konzeption kürzen möchten.

1. Voraussetzung ist eine aktuelle Konzeption der Kita, die gültig und von allen im Team anerkannt ist.

2. Nehmen Sie zuerst das Inhaltsverzeichnis und lesen Sie es aufmerksam durch. Gibt es Punkte, die Sie streichen können, weil sie für die Kurzinfo gar nicht so wichtig sind? Dazu zählen z. B. die Geschichte der Kita oder des Gebäudes, die konkrete Arbeit des Fördervereins und die komplette Hausordnung bzw. Kita-Ordnung mit Kosten und Aufnahmekriterien. Die Informationen finden die interessierten Besucher der Homepage unter dem Menüpunkt „Kosten".
Gibt es Punkte, die Sie zusammenfassen können? Machen Sie sich Notizen oder markieren Sie die Punkte direkt im Inhaltsverzeichnis.

3. Streichen Sie alles Überflüssige im Inhaltsverzeichnis und später auch im Text. Gehen Sie Kapitel für Kapitel durch. Welche Teile sind wichtig, welche nicht?
Fragen Sie immer aus Perspektive der Eltern, die erste Informationen einholen, um ihr Kind in Ihrer Einrichtung anzumelden. Mit der Anmeldung erhalten die Eltern später ohnehin die komplette Konzeption, falls sie sie nicht schon von Ihrer Website heruntergeladen haben.

4. Schauen Sie alle Absätze der übrig gebliebenen Textteile gründlich durch und streichen Sie auch hier Überflüssiges. Es geht um Details! Überflüssig sind beispielsweise viele Adjektive. Prüfen Sie jeden Absatz auf seine Kernaussage. Fassen Sie gegebenenfalls mehrere Absätze zu einem oder zwei klaren Sätzen zusammen.

5. Prüfen Sie schließlich die neuen Textsegmente auf Lesbarkeit. Ergänzen oder streichen Sie, bis ein fließender, ansprechender Text entstanden ist.

6. Fügen Sie Bilder ein, die den Text illustrieren oder erläutern.

7. Lassen Sie die Kurzkonzeption von den anderen Teammitgliedern lesen und kritisch beurteilen.

8. Ändern Sie, was sinnvoll ist.

9. Stellen Sie die Kurzkonzeption online oder erstellen und drucken Sie Flyer.

Quelle: Gebauer/Wagner, 2014, S. 115

BEISPIEL

Eine verkürzte Konzeption, z. B. für einen Flyer

Unser Haus

Die Krippe „Seepiraten" befindet sich im Erdgeschoss einer alten Villa inmitten eines großen Parks im Herzen von Hamburg.

Für die zwei Gruppen mit jeweils zwölf Kindern stehen je ein großer, heller Gruppenraum, ein Nebenraum, der auch als Schlafraum dient, und eine kleine Wickelkammer zur Verfügung. Ein großes Bad mit Toiletten, Badewanne und Dusche sowie eine helle Küche mit großem Esstisch sind für alle Kinder da.

Ein großer Bewegungsraum mit bodentiefen Fenstern befindet sich am südlichen Ende des Erdgeschosses. Hier finden auch unsere Elternabende statt.

Für das Personal gibt es ein Büro und einen freundlich gestalteten Teamraum.

Im parkähnlichen Garten rund um das Haus verbringen wir so viel Zeit wie möglich. Wir haben mit den Kindern ein Beet angelegt, das wir gemeinsam jedes Jahr neu bepflanzen.

Unsere Öffnungszeiten

Montag bis Freitag von 7.30 Uhr bis 18 Uhr

Wir haben das ganze Jahr über geöffnet, außer an gesetzlichen Feiertagen und Wochenenden.

Unser Leitbild

Unser pädagogisches Handeln orientiert sich stets an den Bedürfnissen der Kinder. Wir ermöglichen ihnen, sich auszuprobieren und ihre Fähigkeiten, sowie ihre eigene Persönlichkeit kennenzulernen und zu entfalten. Dies geschieht stets in einer entspannten Atmosphäre, die geprägt ist von Wertschätzung und Achtsamkeit.

Bildung und Erziehung

Wir orientieren uns, wie vorgeschrieben, am „Hamburger Bildungsplan für die Bildung und Erziehung von Kindern in Tageseinrichtungen". Dabei setzen wir das soziale Miteinander an erste Stelle. Gemeinsames Füreinander und Miteinander ist für uns ebenso wichtig wie die Förderung der Individualität jedes einzelnen Kindes.

Bildung findet in der Krippe stets „mit allen Sinnen" statt. Wir bereiten die Umgebung für die Kinder so vor, dass sie sich im sicheren Rahmen frei bewegen können, um selbstständig Erfahrungen zu machen. Dabei sind wir stets Ansprechpartner und unterstützen die Kinder in ihren Vorhaben. Ideen greifen wir auf und bieten Angebote dazu an. Ebenso setzen wir Impulse, um den Kindern neue Themen zu eröffnen.

Körperbewusstsein und Bewegung sind wichtig, damit die Kinder sich zu physisch und psychisch gesunden Menschen entwickeln können. Deshalb haben die Kinder bei uns jederzeit die Möglichkeit, sich zu bewegen und ihre körperlichen Bedürfnisse auszuleben. Wir unterstützen sie dabei mit Bewegungsangeboten, Spielen und Tänzen.

In unserer Krippe sprechen wir viel mit den Kindern, damit sie von Anfang an mit Sprache vertraut sind und sich ihr Wortschatz stets erweitert. Wir lesen täglich vor und erzählen Geschichten oder erfinden gemeinsam welche.

Regelmäßig finden kleine Ausflüge und Spaziergänge statt, damit die Kinder ihre Umgebung kennenlernen und neue Impulse bekommen.

Layoutideen und Anregungen –

Beispiele

Um die Konzeption zu tippen, arbeiten Sie unbedingt an einem PC oder einem Laptop und nutzen ein Textverarbeitungsprogramm wie *Microsoft Word* oder *Open Office Writer*. Das entsprechende Apple-Produkt heißt *Pages*.

Ich gebe Ihnen in diesem Kapitel praktische Tipps für den Umgang mit dem Textverarbeitungsprogramm *Microsoft Word 2010*, weil es besonders verbreitet ist.

Textverarbeitungsprogramme bieten unzählige Schriftarten an. Es gibt allerdings ein paar Kriterien, die die Auswahl einschränken.

Lesbarkeit

Schriften mit Serifen, also den kleinen Füßchen an den senkrechten Linien, sind für viele Menschen leichter lesbar. Es gibt aber auch eine Erstleserschrift (*Trebuchet*), die der Norm in Schulen entspricht. Dabei ist das kleine l beispielsweise nicht gerade, sondern mit einem Bogen versehen. Der Text hier im Buch ist übrigens in der Schriftart FrutigerNextCV LT gesetzt.

Umweltfreundlichkeit

Manche Schriften benötigen besonders viel Platz, manche nur wenig. Mit engeren Schriften sparen Sie Papier und Druckertinte, sofern Sie Texte selbst ausdrucken möchten. Eine eng laufende Schrift ist z. B. *Cambria*.

Gliederung durch Überschriften

Jedes Kapitel sollte eine klar verständliche Überschrift erhalten, sodass der Leser sofort einordnen kann, welche Information er in dem Kapitel erhält, wie „*1. Unser Haus*".

Die meisten Kapitel beinhalten außerdem Unterkapitel. Markieren Sie diese Hierarchie deutlich durch die Überschriftenstruktur, also beispielsweise „*1.1 Die Räume.*"

Während die Kapitelüberschrift möglichst groß und fett gestaltet wird, sollten die Überschriften der zweiten Hierarchie entsprechend weniger massiv sein. Genauso verfahren Sie mit Überschriften aller weiteren Hierarchieebenen bis hin zu den Zwischenüberschriften innerhalb des Fließtextes. Diese sollten lediglich fett gesetzt werden.

Formulieren Sie aussagekräftige Überschriften

Je nachdem, wie es in das Gesamtbild Ihrer Konzeption passt, können Sie sachlich-fachlich-nüchtern oder humorvoll-verspielt texten.

Wichtig ist nur: Formulieren Sie aussagekräftig und verständlich! Der Leser muss sofort wissen, worum es geht.

Bleiben Sie konsequent. Formulieren Sie also beispielsweise alle Überschriften zweizeilig wie in diesem Ratgeber:

„*Von Alleskleber bis Zirkeltraining –
Die Kinder bilden sich*"

Oder alternativ sachlich-nüchtern:

- ✔ „*Die Bildungsangebote*"
- ✔ „*Das Mittagessen*"
- ✔ „*Die Schlafsituation*"

● Überschriften automatisieren

Weisen Sie die Überschriften so zu, dass sie automatisch nummeriert werden. Dafür nutzen Sie Formatvorlagen. Diese finden Sie in der oberen Leiste Ihres Textverarbeitungsprogramms. Markieren Sie Ihre Überschrift und wählen Sie beispielsweise „Überschrift 1" aus. Setzen Sie durch einen Klick auf „Liste mit mehreren Elementen" automatisch die Ziffer 1 vor.

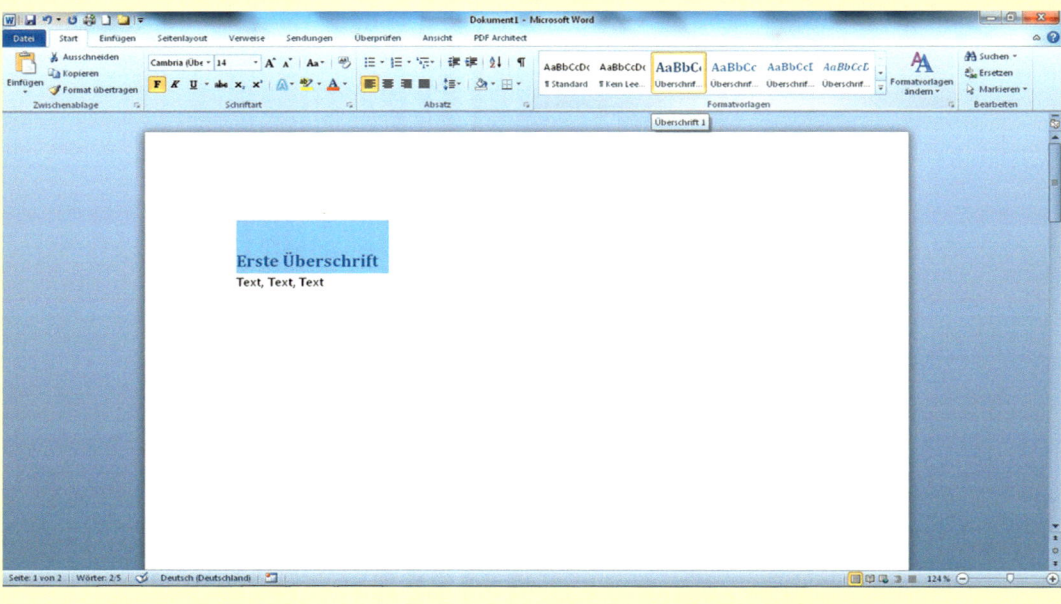

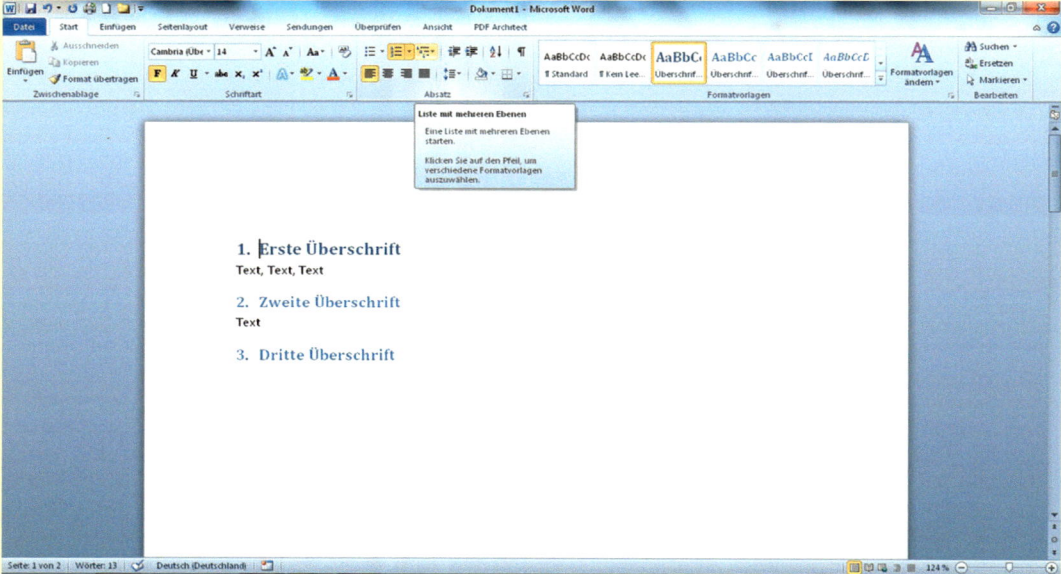

Um die Überschriften der zweiten Hierarchie zu generieren, klicken Sie wieder auf „Liste mit mehreren Elementen". Ihre Überschrift erhält die nächste Ziffer, z. B. 4. Nun schieben Sie diese Überschrift nach rechts, indem Sie auf „Einzug vergrößern" (Symbol ist ein Pfeil nach rechts), klicken. Ihre Überschrift beginnt nun mit 4.1.

1.1.   Überschrift

1.2.   Überschrift

1.3.   Überschrift

     1.3.1.   Überschrift

Damit Sie beim Schreiben den Überblick behalten, weisen Sie alle Überschriften einheitlich zu. Nutzen Sie dafür Formatvorlagen.

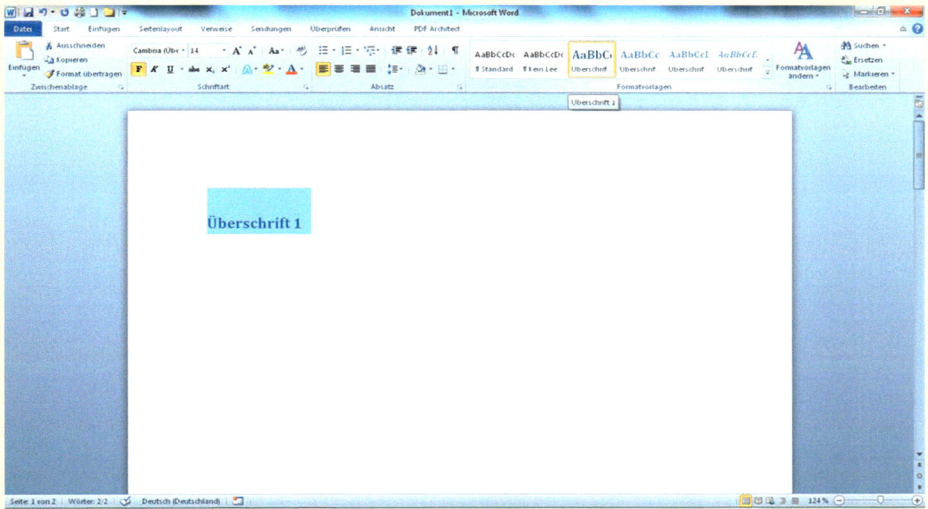

Gefallen Ihnen Schriftart oder Größe der Vorlagen nicht, können Sie diese ändern. Und so geht's: Klicken Sie mit der rechten Maustaste auf die Vorlage. Es erscheint eine Auswahl (ein Reiter). Dort klicken Sie auf „ändern". In dem Kasten „Formatvorlage ändern" können Sie nun die Schriftart und Größe neu festlegen. Vergessen Sie nicht, die Änderungen anschließend zu speichern.

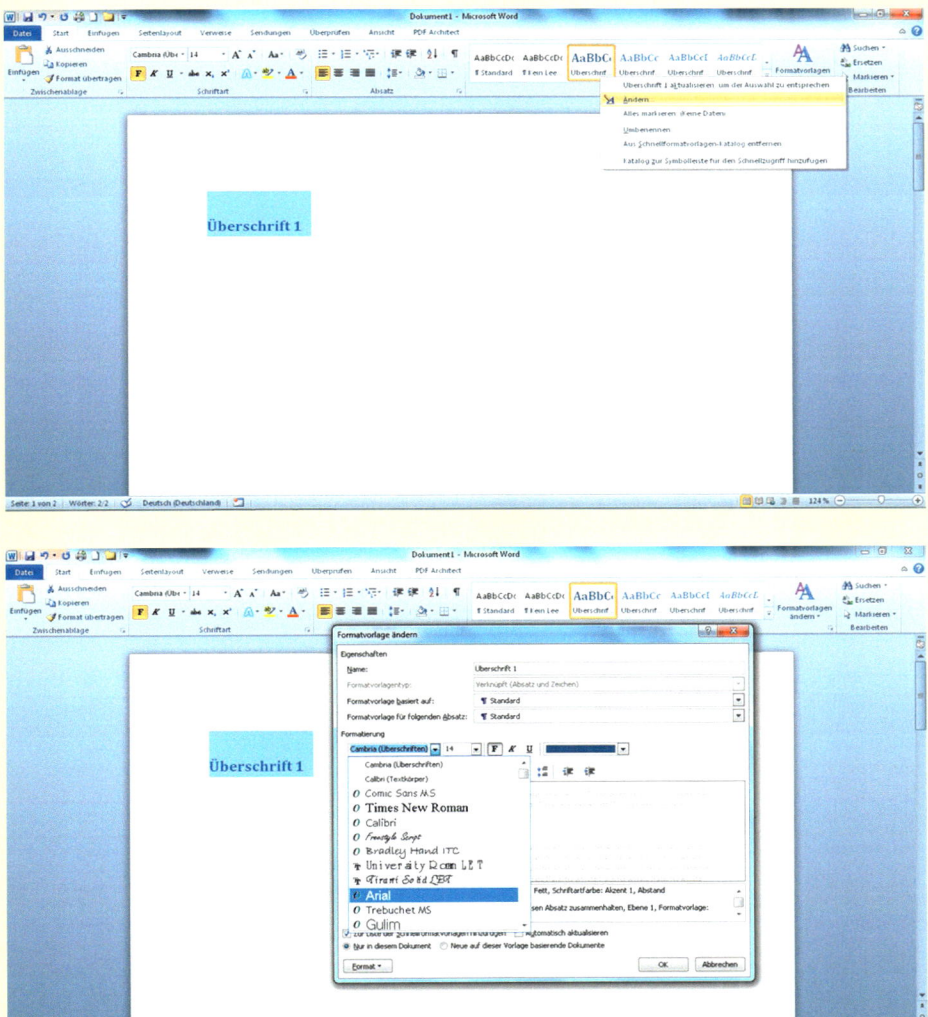

So erstellen Sie ein Inhaltsverzeichnis

Ein **Inhaltsverzeichnis** ist für Ihre Konzeption unabdingbar. Wenn Sie das Verzeichnis automatisch mit Ihrem Textverarbeitungsprogramm erzeugen lassen, werden die Seitenzahlen auch automatisch aktualisiert.

Das automatische Inhaltsverzeichnis erstellen Sie folgendermaßen: Setzen Sie den Cursor auf die Seite, auf der Sie Inhaltsverzeichnis stehen soll.

Klicken Sie nun auf den Reiter „Verweise" und dann auf „Inhaltsverzeichnis".

Sie können eine der vorbereiteten Formen wählen oder im unteren Bereich auf „Inhaltsverzeichnis einfügen" klicken und dort Ihre eigene Struktur entwickeln. Im Allgemeinen genügt das automatische Verzeichnis „Tabelle 1" oder „Tabelle 2". Der Unterschied liegt nur in der Darstellung der Überschriften.

Das Inhaltsverzeichnis wird nun automatisch in Ihr Dokument eingefügt. Sie können es jederzeit aktualisieren. Dazu klicken Sie entweder mit der rechten Maustaste irgendwo ins Inhaltsverzeichnis und wählen „aktualisieren" aus oder Sie klicken sich durchs Menü: „Verweise" – „Tabelle aktualisieren" – „Gesamtes Verzeichnis aktualisieren".

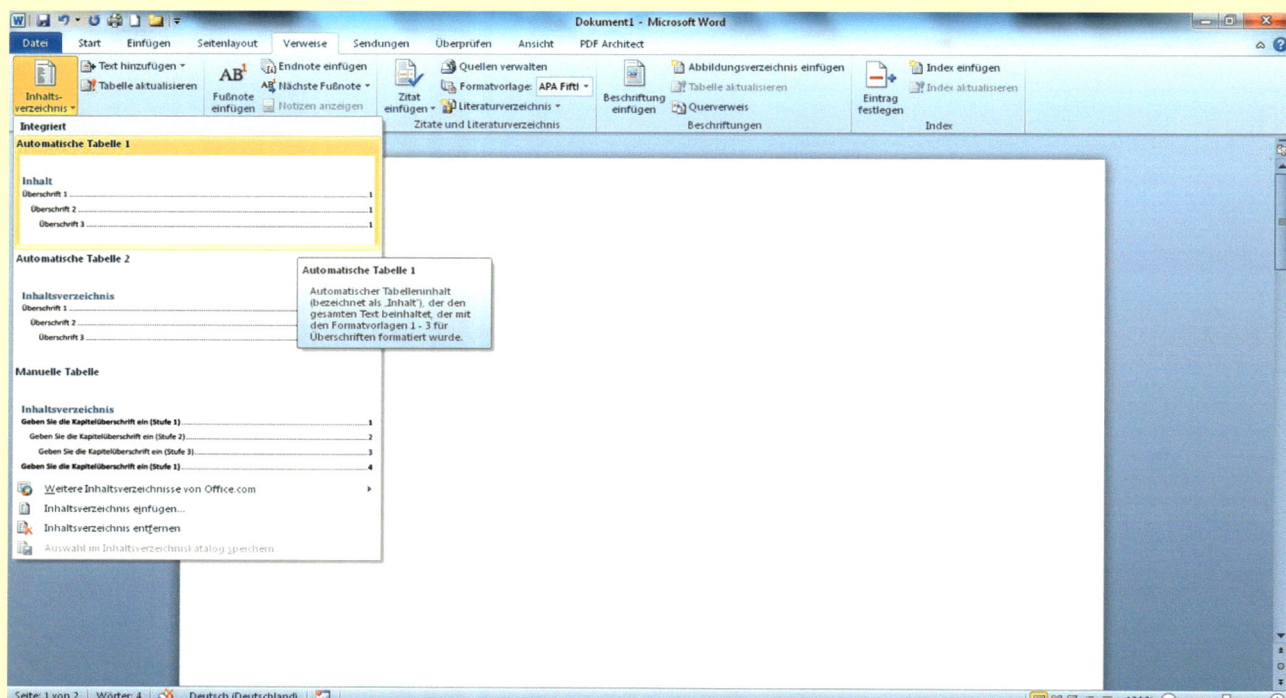

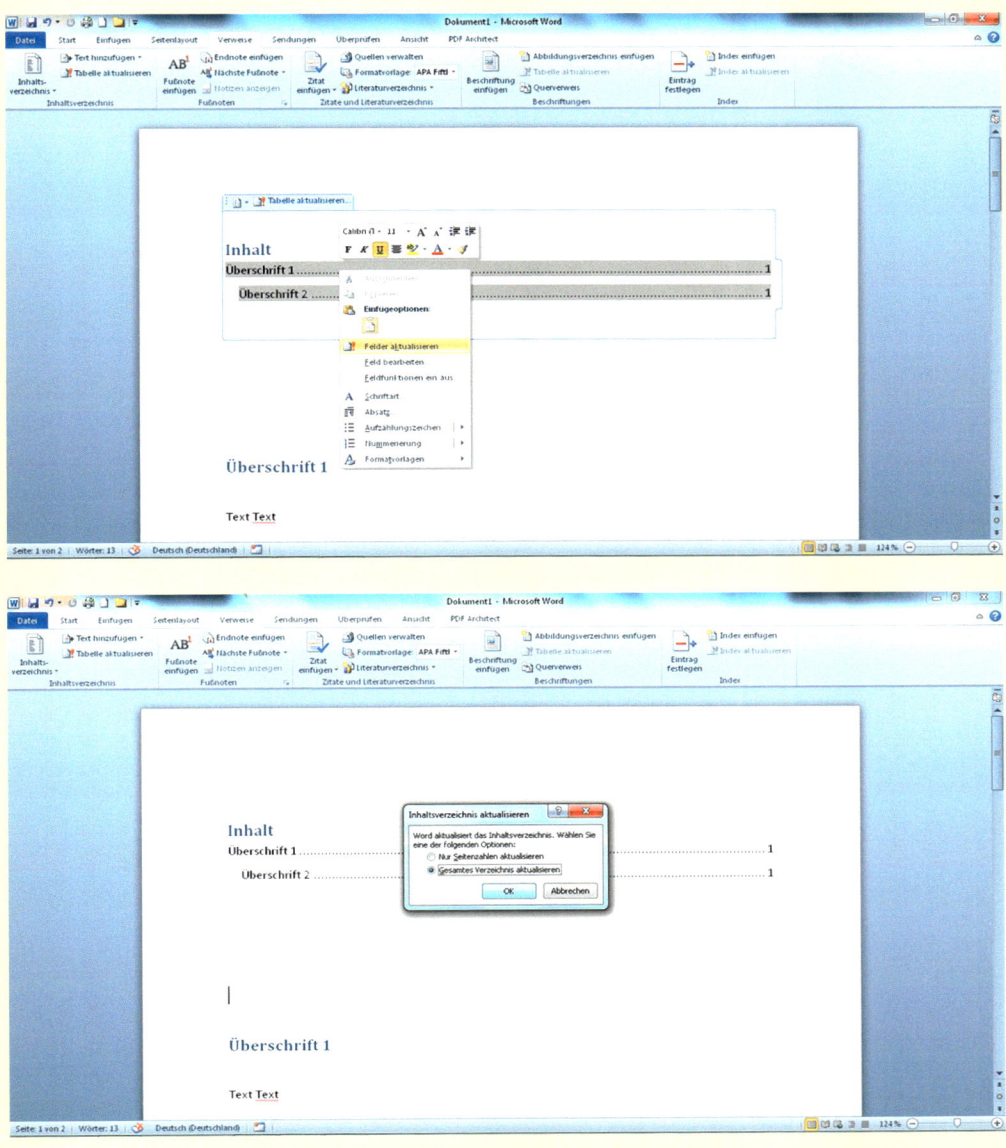

Wenn Sie Ihr Inhaltsverzeichnis individueller gestalten möchten, etwa mit mehr oder weniger Ebenen, wählen Sie „Inhaltsverzeichnis einfügen" und entscheiden Sie sich dort zwischen den zahlreichen Möglichkeiten.

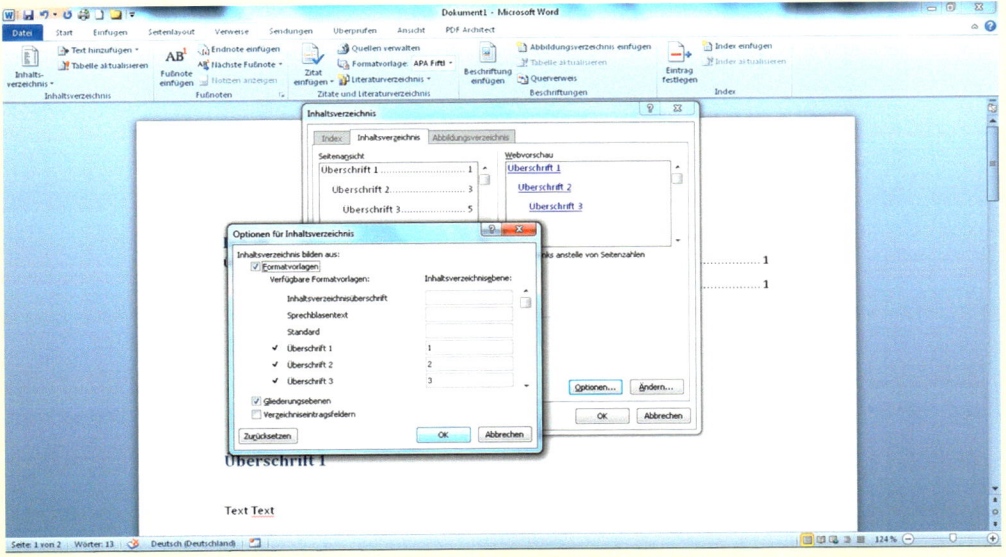

Tipp

Probieren Sie am besten in einem frischen Dokuments herum, damit Ihr mühevoll erarbeitetes Dokument nicht aus Versehen Schaden nimmt.

Tippen Sie ein paar Überschriften und weisen Sie diese verschiedenen Überschriftenkategorien zu. So können Sie schnell erkennen, was sich im Inhaltsverzeichnis ändert, wenn Sie ein Häkchen setzen oder wegnehmen.

Es ist sinnvoll, gleich zu Beginn **Seitenzahlen** einzufügen. Sie können sie oben, unten, an den rechten oder linken Rand oder in die Mitte platzieren. Die Zahl wird automatisch in eine Fuß- oder Kopfzeile gesetzt.

Linktipp

http://office.microsoft.com/de-de/word-help/erstellen-oder-aktualisieren-eines-inhaltsverzeichnisses-HP010368778.aspx

● Seitenzahlen einfügen

Um eine einfache Zahl am Seitenende einfügen zu lassen, klicken Sie sich folgendermaßen durch das Menü:

„Einfügen" – „Seitenzahl" – „Seitenende" – „Einfache Zahl 1"

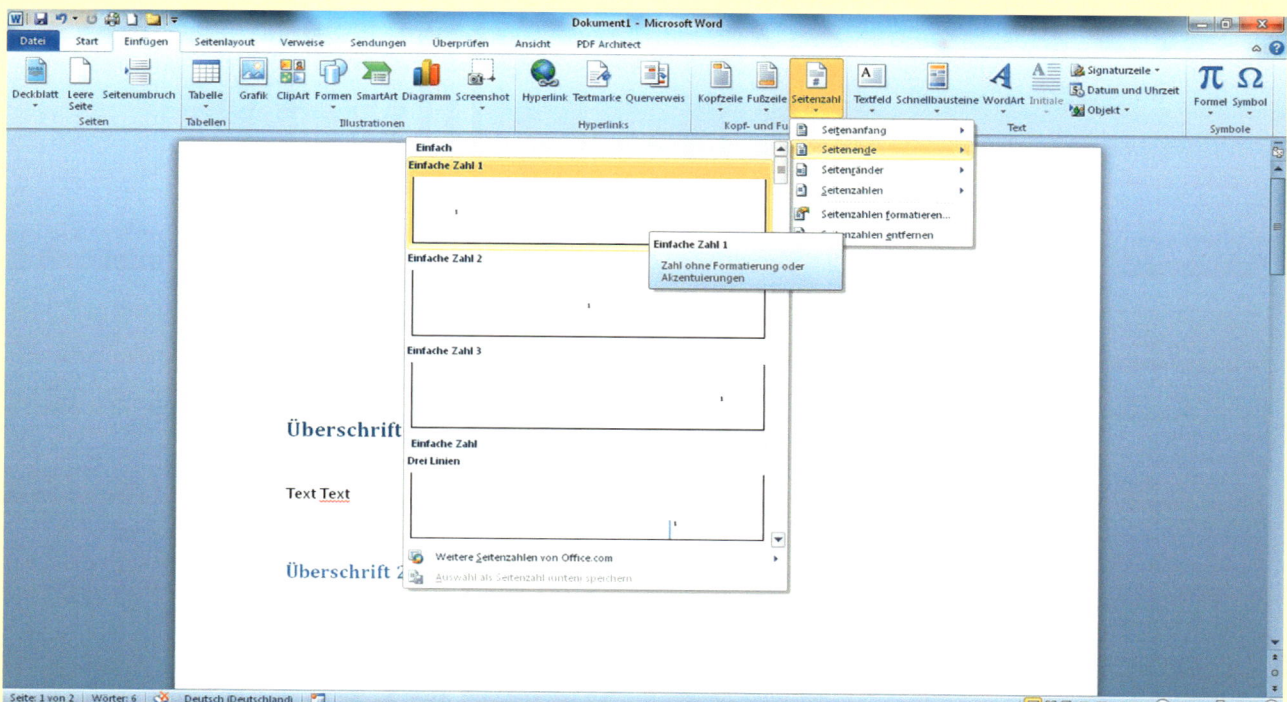

Wenn Sie Ihr Logo oder Ihre Adresse, vielleicht aber auch einfach nur *Konzeption der Kita „Sonnenschein"* auf jeder Seite sehen möchten, fügen Sie eine **Kopfzeile** ein. Diese können Sie beliebig gestalten.

Kopfzeile einfügen

So geht's

„Einfügen" – „Kopfzeile" – „leer"

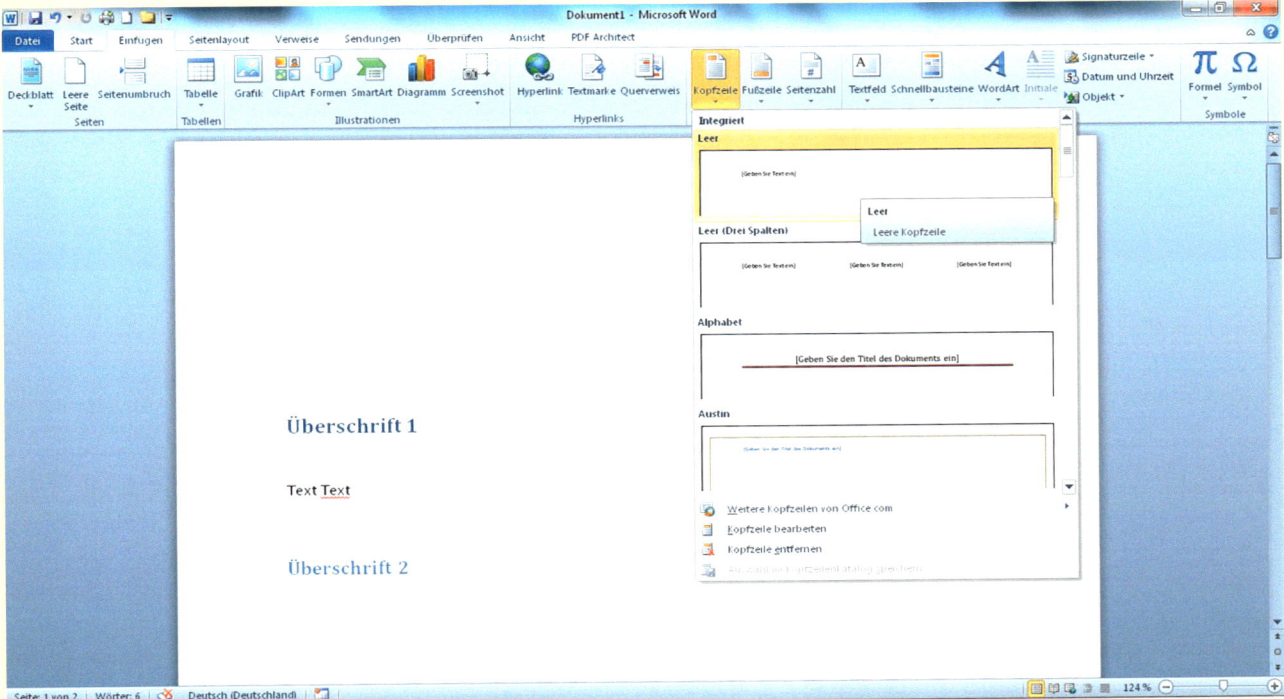

Sie können auch ganz einfach in den Bereich der Kopfzeile, also ganz oben am Seitenrand doppelklicken. Dann öffnet sich die Kopfzeile. Jetzt haben Sie die Möglichkeit, diese zu gestalten. Alles, was Sie jetzt dort schreiben, steht auf jeder Seite im Dokument. Analog dazu können Sie eine Fußzeile anlegen.

Folgende Suchbegriffe sind hier sinnvoll: *„Kopfzeile Abschnittsumbrüche".*

Tipp

So finden Sie bestimmte Textstellen in Ihrem Manuskript am schnellsten: Klicken Sie rechts oben in der Menüleiste auf „Suchen". Es öffnet sich ein Fenster. Klicken Sie nun auf das linke der drei Symbole. „Microsoft Word" zeigt Ihnen nun alle Überschriften untereinander an.

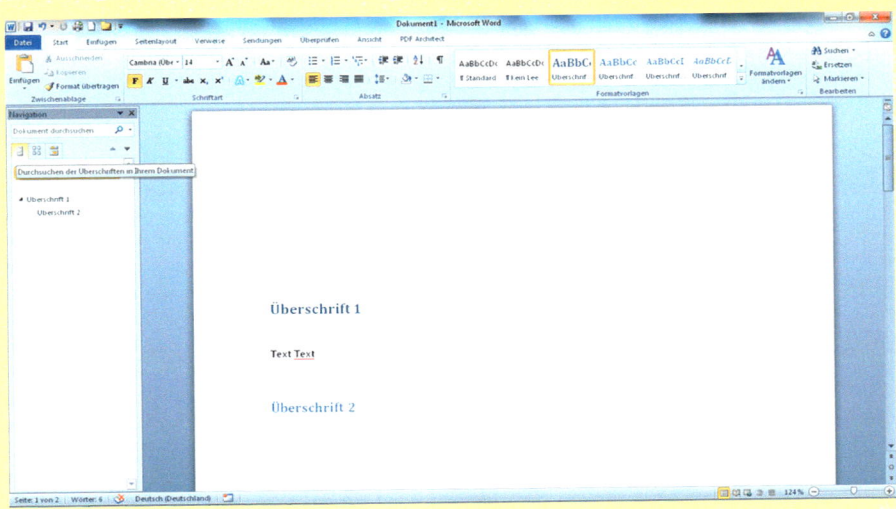

Entscheiden Sie sich, ob Ihr Text in *Flatter-* oder *Blocksatz* erscheinen soll. Die automatische Voreinstellung in „Microsoft Word" ist ein linksbündiger Flattersatz. Das bedeutet, der Text beginnt links immer an derselben Position und endet rechts, je nach Länge des letzten Wortes an einer bestimmten Linie:

Blocksatz hingegen streckt oder staucht die Wörter, indem er die Leerräume enger oder weiter festlegt. Im Ergebnis läuft jede Zeile genau vom linken bis zum rechten Rand. Dadurch entsteht ein Textblock.

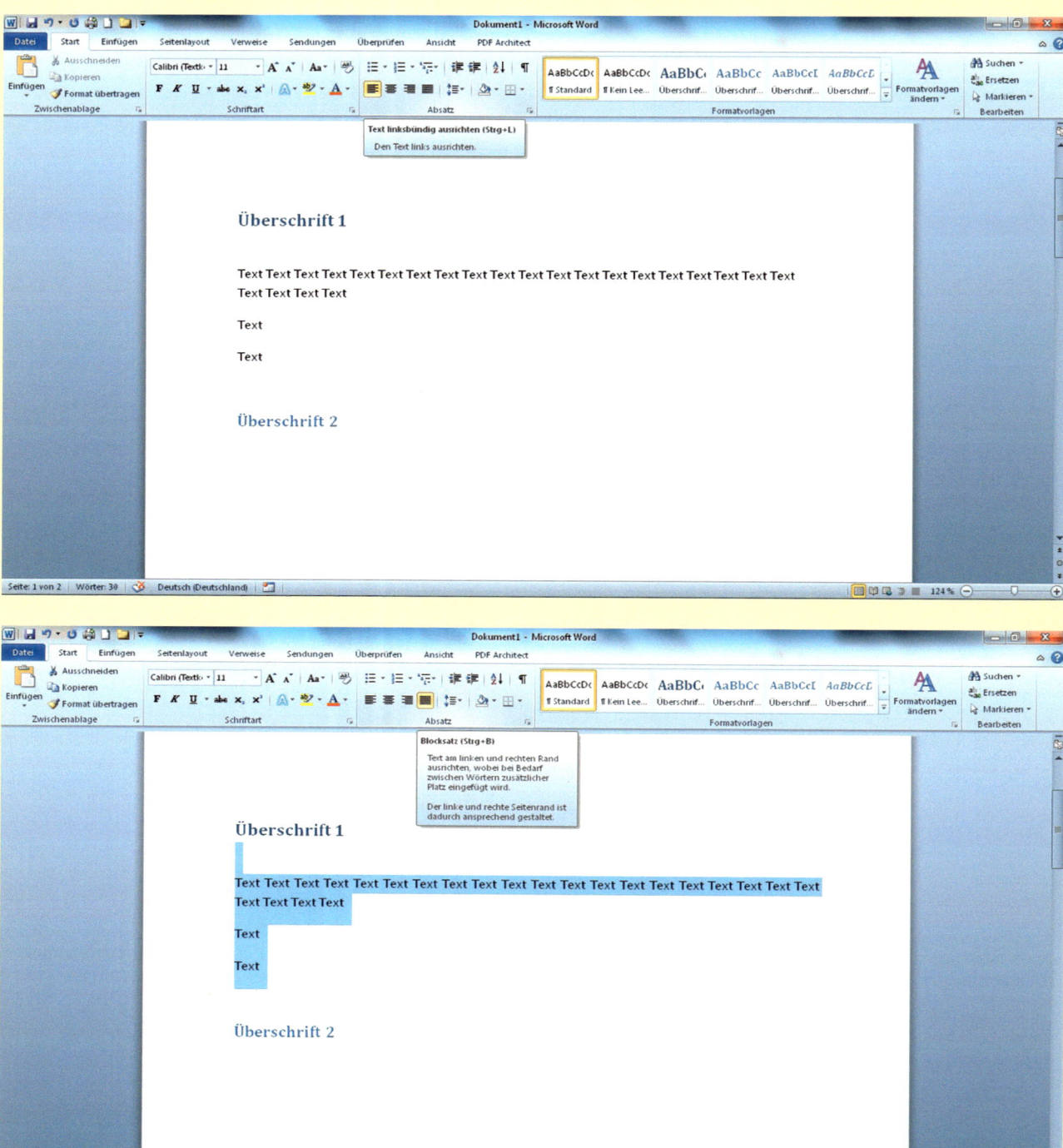

Je nachdem, ob Sie die *Silbentrennung* aktiviert haben, werden die letzten Wörter einer Zeile getrennt. Aktivieren Sie die Silbentrennung folgendermaßen: *„Seitenlayout" – „Silbentrennung" – „automatisch"*

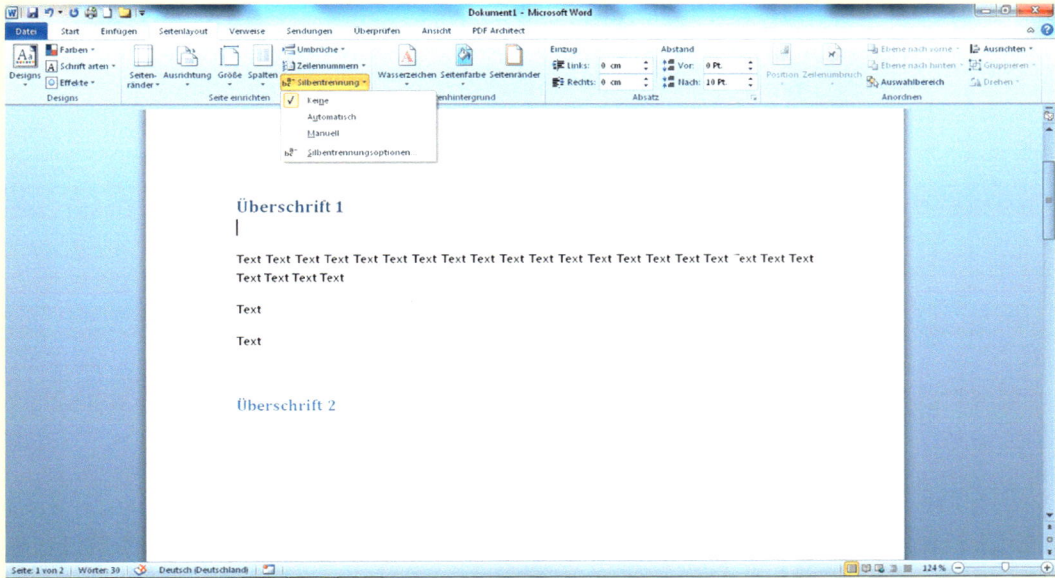

Viele sinnvoll (!) gesetzte *Absätze* erleichtern, zu lesen. Trennen Sie Textblöcke immer abgestimmt auf den Inhalt. Um einen Absatz einzufügen, drücken Sie am Satzende des vorhergehenden Absatzes auf die Return-Taste (= Enter). Einrücken oder eine weitere Leerzeile sind nicht nötig.

Spalten sparen Platz und erleichtern, zu lesen, denn wenn der Blick nur über eine halbe Seitenbreite gleiten muss, ermüdet das Auge nicht so schnell. Sie können, ähnlich wie hier im Buch, innerhalb der Kapitel den Lauftext zweispaltig setzen. Das geht ganz einfach:

Markieren Sie den Text und klicken Sie auf den Reiter *„Seitenlayout"*, wählen Sie *„Spalten"* und anschließend *„zwei"*. Wichtig ist, vor und hinter dem markierten Text jeweils ein Leerzeichen zu setzen, damit der übrige Text nicht auch in zwei Spalten formatiert wird.

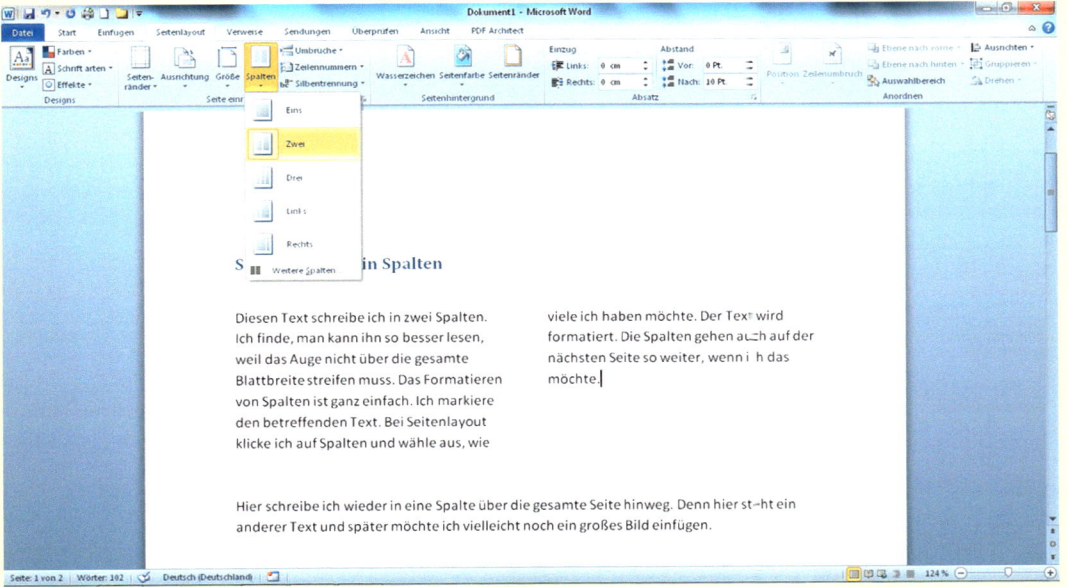

Eine einheitliche Struktur hilft dem Leser, sich im Text zu orientieren. Achten Sie also darauf, alle Formatierungen stets durchgehend beizubehalten. Wenn Sie etwa Sätze in wörtlicher Rede kursiv setzen, tun Sie das immer!

Hurra, wir feiern ein Sommerfest!

Haben Sie ein Zitat in einen Kasten gesetzt, um es besonders hervorzuheben, so tun Sie das mit allen!

Wissenschaft ist die Lehre vom Wissen. Winnifred Kluge, 1817

Überprüfen Sie, ob alle Zwischenüberschriften fett markiert sind. Dasselbe gilt auch für besondere Wörter. Haben Sie bestimmte Ausdrücke fett markiert, sollten Sie das auch im gesamten Text so durchhalten.

Bringen Sie Farben ins Spiel!

Farbiges Papier sieht zwar wunderschön aus, ist aber teuer und nicht gerade umweltschonend. Verwenden Sie es deshalb nur für das Titelblatt oder bleiben Sie bei weißem oder ungebleichtem Papier. Wenn Sie die Möglichkeit haben, die Konzeption farbig zu kopieren oder auszudrucken, sollten Sie die Gelegenheit nutzen, ein paar farbige Hingucker zu platzieren.

Sie können z. B. alle Kapitelüberschriften rot markieren:

1. Die Räumlichkeiten

oder Sie hinterlegen alle Zitate grün

„Hilf mir, es selbst zu tun!"
(Maria Montessori)

Verwenden Sie Farben aber sparsam und durchgehend einheitlich, sonst verwirren Sie den Leser.

Bilder lockern auf!

Fotos und Zeichnungen unterstreichen den Text und lockern ihn auf. Sie können illustrierend verwendet werden, also um einen Text zusätzlich bildlich zu erklären. Oder sie stehen für sich und geben dem Betrachter eigene Informationen, z. B. die Raumskizze des Gruppenzimmers, die ein Kind gezeichnet hat.

Sie können beispielsweise jedes Kapitel mit einem Foto beginnen lassen. Dabei sollten Sie unbedingt darauf achten, dass die Abbildung auch zum Inhalt passt.

Verwenden Sie nur Fotos, die sich gut drucken und vor allem kopieren lassen. Sie sollen scharf sein und genug Kontrast aufweisen, damit sie auch erkennbar sind.

Tipp

Wenn Sie die Konzeption nur schwarz-weiß drucken können, sollten Sie die Fotos schon am PC in Graustufen anzeigen lassen und etwas aufhellen. Das geht bei den meisten Bildbearbeitungsprogrammen einfach und selbsterklärend.

Zitate und Sprüche

Pädagogen, Künstler, Dichter und Denker haben viele wunderbare Sätze formuliert. Vielleicht passt ein Zitat genau zu Ihrer Konzeption. Anregungen und Beispiele finden Sie auf den Seiten 79/80.

Konzeption binden

Wie Sie Ihre Konzeption binden möchten, entscheiden Sie im Team. Es gibt verschiedene Möglichkeiten, die einzelnen Seiten zu einem Heft zusammenzufügen. Hier spielen auch die Kosten eine maßgebliche Rolle. So ist beispielsweise eine Loseblattsammlung in einem einfachen Klemmhefter wesentlich günstiger als eine Klebebindung, die im Copyshop oder Schreibwarenhandel erstellt werden muss. Der Vorteil von Loseblattsammlungen ist, dass nur einzelne Seiten flexibel verändert und ausgetauscht werden können. Sofern Sie nicht bei jeder Ausgabe Ihrer Konzeption in einer Kopf- oder Fußzeile das Datum und die Fassung angegeben haben, können Sie die geänderten Seiten einfach austauschen.

Bis zu einer gewissen Seitenzahl können Sie mit relativ günstigen Bindegeräten auch selbst Bindungen kleben.

Abgetippt und angeklickt –

Digitale Konzeption

Viele Eltern sitzen täglich am PC, ob auf der Arbeit oder privat. Deshalb ist es für sie praktisch, wenn sie Informationen über den Kindergarten auch digital nachlesen können. Stellen Sie die Konzeption also auf jeden Fall auch online, auf Ihrer Homepage zur Verfügung! Am besten erstellen Sie PDF-Dokumente beider Versionen, sodass sie sich jeder herunterladen kann.

Besonders praktisch ist so ein PDF-Dokument, weil man es auch auf dem E-Book-Reader, dem Tablet oder dem Smartphone lesen kann.

● *Anleitung: So erstellen Sie ein PDF-Dokument*

Es gibt mehrere Wege, ein PDF zu erstellen. Sie können Ihr Dokument direkt im Textverarbeitungsprogramm als PDF speichern oder Sie laden sich einen kostenlosen PDF-Creator auf Ihren PC.

● *PDFs im Textverarbeitungsprogramm erstellen*

Wenn Ihre Konzeption fertig ist, klicken Sie links oben auf „Datei" und dann auf „Speichern unter". Es öffnet sich ein Fenster mit verschiedenen Feldern. Wählen Sie einen Speicherort aus und geben Sie den Dateinamen ein. Wenn Sie jetzt als Dokumentart PDF wählen, wird automatisch die Endung .pdf an Ihren Dokumentennamen angehängt. Suchmaschine ein, um die Anleitung zu erhalten, wenn Sie sich in das Thema vertiefen möchten. Folgende Suchbegriffe sind hier sinnvoll: „Kopfzeile Abschnittsumbrüche"

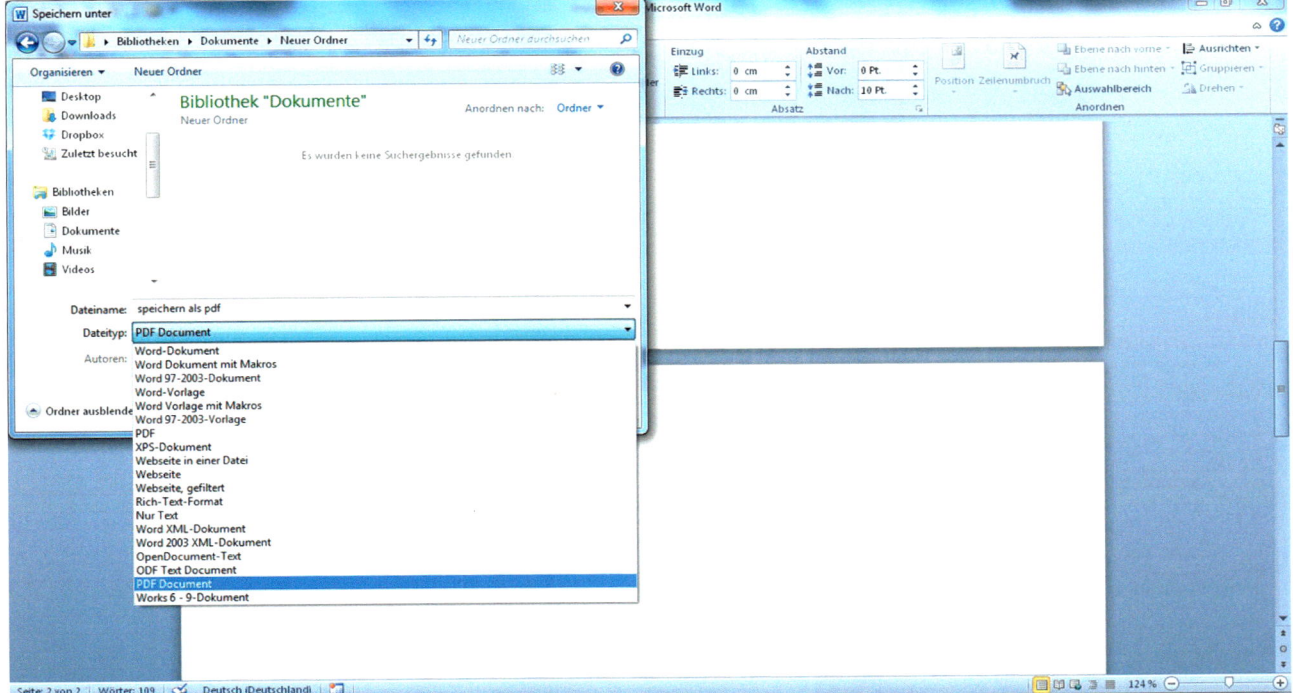

So stellen Sie das PDF zum Download auf die Website

Je nachdem, wie Ihre Internetseite erstellt wurde, können Sie das PDF direkt mit drag-and-drop einfügen (also anklicken und hinüberziehen). Alternativ speichern Sie das PDF-Dokument als Bild oder Datei und laden es über die interne Mediathek hoch.

Tipp

Manche Leser Ihrer Konzeption finden es praktisch, eine CD-ROM zu bekommen. Wenn möglich, brennen Sie ein paar CDs mit der Datei Ihrer Konzeption auf Vorrat. Sie können hier die lange Version verwenden und den Info-Flyer der Kita dazulegen.
Es bietet sich an, die CD-ROM außerdem mit Anmeldebögen und anderen Infos zu füllen. Bedenken Sie, dass normale CD-ROMs nicht überschreibbar sind. Der Brennvorgang muss also auf einmal erfolgen. Wollen Sie auch bei der digitalen Speicherung auf Umweltverträglichkeit achten, empfiehlt es sich, die Eltern um einen bereits vorhandenen USB-Stick oder eine Speicherkarte zu bitten und die Daten darauf zu übertragen.

Anprechend formulieren

Sprechen Sie den Leser an!

Um den Leser anzusprechen, müssen Sie es auch tun!

Formulieren Sie beispielsweise:
Informationen zu unserer Konzeption finden Sie hier …
statt *Informationen zur Konzeption der Kita befinden sich hier …*

Berichten Sie von sich selbst als Erzieherinnen: *Wir arbeiten nach dem situationsorientierten Ansatz.*
statt *In unserer Kita wird nach dem situationsorientierten Ansatz gearbeitet.*

Formulieren Sie aktive Sätze!

Verwenden Sie Verben, die einen Vorgang direkt beschreiben. Vermeiden Sie Hilfsverben, wie „sollen" und „werden".
Statt
Um 12.30 Uhr wird gemeinsam Mittag gegessen. Die Kinder sollen sich vorher ihre Hände waschen.
formulieren Sie lieber:
Um 12.30 Uhr essen wir alle zusammen zu Mittag. Die Kinder waschen sich vorher die Hände.

Vermeiden Sie Floskeln und schreiben Sie konkret, was Sie meinen. Nennen Sie Tätigkeiten genau, damit sich die Leser ein Bild davon machen können, was in der Kita passiert.

Klar und verständlich!

Schreiben Sie möglichst klar und in einfachen Worten. So wird der Text für jeden verständlich, auch für Menschen, die Deutsch als Fremdsprache lernen.

Formulieren Sie kurze, klare Sätze. Verzichten Sie auf Verschachtelungen und Infinitivformen. Schreiben Sie lieber mehrere kurze Sätze als einen zu langen.

Sprechen Sie Deutsch! Vermeiden Sie Fremdwörter genauso wie Umgangssprache und Abkürzungen.

Sparen Sie Füllwörter. *Irgendwie sind die eigentlich sowieso nur überflüssig.*

Sie sind unsicher, wie Sie am besten formulieren? – Stellen Sie sich selbst folgende Fragen, bevor Sie zu schreiben beginnen:

Was möchten Sie sagen?
Was soll der Leser erfahren?
Was ist das Wichtigste an Ihrer Aussage?
Warum wollen Sie genau das sagen?
Wie soll der Leser darauf reagieren? (z. B. weiterklicken, woanders weiterlesen, sich anmelden)

Klare Strukturen durch Absätze

Wenn Sie mehr als nur ein paar Sätze schreiben, kann der Text schnell unübersichtlich werden. Damit auch wichtige Informationen gelesen werden, die Sie nur in einen langen Text verpacken können, strukturieren Sie den Text unbedingt leserfreundlich:

1. Weisen Sie Überschriften zu.

2. Trennen Sie den Text in Sinnabschnitte mit jeweils nur wenigen Sätzen. Einen Abschnitt trennen Sie mit der „Return-Taste".

3. Wenn es inhaltlich passt, verwenden Sie Zwischenüberschriften. Setzen Sie die Überschriften fett, aber wählen Sie keine andere Schriftgröße. So heben sie sich vom restlichen Text ab, treten aber nicht zu sehr in den Vordergrund.

Leitfaden: Schritte zur Konzeption

1. Sammeln Sie Ideen, was die neue Konzeption beinhalten soll, und verschaffen Sie sich eine Übersicht über die einzelnen Punkte. Wollen Sie die alte Konzeption überarbeiten, evaluieren Sie, welche Punkte umgesetzt wurden, welche Punkte überflüssig sind und welche nun neu hinkommen müssen.

2. Lesen Sie Konzeptionen und Leitbilder anderer Kitas, um zu sehen, was möglich ist. Suchen Sie sich Beispiele als Vorbild für Ihre eigene Konzeption.

3. Sortieren Sie die Ideen, um einen Überblick zu bekommen. Entscheiden Sie dann erst, welche Punkte Sie tatsächlich in die Konzeption aufnehmen möchten.

4. Behalten Sie stets den roten Faden im Auge. Formulieren Sie den Schwerpunkt Ihrer Arbeit und das Anliegen der Kita und achten Sie darauf, alle Punkte daran auszurichten.

5. Schreiben Sie die Konzeption auf. Verwenden Sie dafür ein Textverarbeitungsprogramm, das Ihnen die Möglichkeit gibt, Schriftarten zu verändern und Bilder einzufügen.

6. Strukturieren Sie die Konzeption und legen Sie eine Gliederung als Inhaltsverzeichnis an.

7. Formulieren Sie an den Leser gerichtet in aktiven und klaren Sätzen.

8. Bitten Sie mehrere Teamkolleginnen und Eltern, die fertige Konzeption zu lesen und zu korrigieren. Überarbeiten Sie den Text und lesen Sie ihn erneut. Streichen Sie alles, was überflüssig ist. Lassen Sie die Konzeption unbedingt vom Träger lesen und abzeichnen. Eventuelle Änderungswünsche setzen Sie um.

9. Kürzen Sie die Konzeption für einen Flyer oder die Kita-Homepage.

10. Gestalten Sie die Konzeption ansprechend mit Bildern, Fotos und farbigen Textabschnitten.

© Verlag an der Ruhr | Yvonne Wagner | ISBN 978-3-8346-2532-8 | www.verlagruhr.de

Zitate und Sprüche, Teil 1

Aus der Art, wie das Kind spielt, kann man erahnen, wie es als Erwachsener seine Lebensaufgabe ergreifen wird.
Rudolf Steiner

Mit einer Kindheit voller Liebe kann man ein halbes Leben hindurch die kalte Welt aushalten.
Jean Paul

Dein Kind sei so frei es immer kann. Lass es gehen und hören, finden und fallen, aufstehen und irren.
Friedrich Wilhelm August Fröbel

Bei der Erziehung muss man etwas aus dem Menschen herausbringen und nicht in ihn hinein.
Friedrich Wilhelm August Fröbel

Die Quelle alles Guten liegt im Spiel.
Friedrich Wilhelm August Fröbel

Erziehung ist Beispiel und Liebe – sonst nichts.
Friedrich Wilhelm August Fröbel

Ein Kind, das innerhalb des kindlichen Kreises sich richtig zu verhalten weiß, wächst von selbst in ein richtiges Mannestum hinein.
Friedrich Wilhelm August Fröbel

Ich fürchte, unsere allzu sorgfältige Erziehung liefert uns Zwergobst.
Georg Christoph Lichtenberg

Der Erwachsene achtet auf Taten, das Kind auf Liebe.
Aus Indien

Spielende Kinder sind lebendig gewordene Freuden.
Friedrich Hebbel

Irrend lernt man.
Johann Wolfgang von Goethe

Ein Mensch ohne Bildung ist ein Spiegel ohne Politur.
Aus Deutschland

Wir lernen nur von denen, die wir lieben.
Johann Wolfgang von Goethe

Zitate und Sprüche, Teil 2

Selbsterkenntnis wurzelt in Welterkenntnis;
Welterkenntnis sprießt aus Selbsterkenntnis!
Rudolf Steiner

Erzähle mir und ich vergesse.
Zeige mir und ich erinnere.
Lass es mich tun und ich verstehe!
Konfuzius

Wer sich selbst anspornt, kommt weiter als der, welcher das beste Ross anspornt.
Johann Heinrich Pestalozzi

Die Bildung kommt nicht vom Lesen, sondern vom Nachdenken über das Gelesene.
Carl Hilty

Kinder sind Reisende, die nach dem Weg fragen, wir wollen ihnen gute Begleiter sein.
Unbekannt

Jede Erziehung ist Selbsterziehung, und wir sind eigentlich als Lehrer und Erzieher nur
die Umgebung des sich selbst erziehenden Kindes.
Rudolf Steiner

Habe Mut zu dir selbst, und such deinen eigenen Weg.
Janusz Korczak

Kinder werden nicht erst zu Menschen – sie sind bereits welche.
Janusz Korczak

Jedes Kind ist gewissermaßen ein Genie; und jedes Genie ist gewissermaßen ein Kind.
Arthur Schopenhauer

Ein ungebildeter Mensch ist wie ungehobeltes Holz.
Aus Griechenland

Wenn du glaubst, Bildung sei teuer, dann probier aus, was Dummheit kostet!
Aus Deutschland

Sind die Kinder klein, müssen wir ihnen helfen, Wurzeln zu fassen. Sind sie aber groß,
müssen wir ihnen Flügel schenken.
Aus Indien

Ein Kind ist kein Gefäß, das gefüllt, sondern ein Feuer, das entzündet werden will.
François Rabelais

© Verlag an der Ruhr | Yvonne Wagner | ISBN 978-3-8346-2532-8 | www.verlagruhr.de

Hier können Sie sehen, wie groß der Unterschied zwischen einer beliebigen Konzeption und einer vom Team individuell erstellten sein kann.

Eine beliebige Konzeption	Die Konzeption einer Kita, vom Team erstellt
Das Frühstück findet „gleitend" statt. Die Kinder können innerhalb eines gewissen Zeitrahmens essen, wenn sie möchten. Dafür steht ihnen ein Tisch im Gruppenraum zur Verfügung.	Die „gleitende Brotzeit": Zwischen 9.30 Uhr und 11 Uhr machen die Kinder selbstständig Brotzeit. Damit kein Kind den Zeitraum verpasst, sagen wir Bescheid, wenn die Brotzeit beginnt, und zeigen gleichzeitig auf die Uhr, um den Kindern auch Gefühl für Zeit zu vermitteln. Möchte ein Kind essen, sucht es sich mindestens ein weiteres Kind und sagt uns kurz Bescheid. Zusammen gehen sie sich die Hände waschen und holen ihre Taschen aus der Garderobe. Sie setzen sich an den vorbereiteten Brotzeittisch und nehmen sich selbstständig etwas zu trinken oder bitten uns, ihnen zu helfen. Sie dürfen sich beim Essen unterhalten und sich Zeit lassen. Wenn sie fertig sind, stellen sie ihre Becher auf das Tablett für die benutzten Becher und räumen ihre Taschen auf. Wir achten darauf, dass alle Kinder wenigstens etwas trinken. Wer keinen Hunger hat, muss nichts essen. Wenn Kinder sehr lange sehr vertieft in ihr Spiel sind, fragen wir allerdings nach, ob sie vielleicht Hunger haben. Denn oft vergessen Kinder, dass sie nur innerhalb eines festen Zeitraums essen sollen.
Das Mittagessen findet im Raum der Igelgruppe statt. Dort finden sich alle Mittagskinder ein und essen gemeinsam.	Das Mittagessen: Um 12.30 Uhr gibt es Mittagessen. Da alle Kinder ab 11.30 Uhr im Garten spielen, rufen wir die Mittagskinder, die für den jeweiligen Tag angemeldet sind, (siehe Anmeldung für Essen), einzeln auf und gehen mit ihnen zum Händewaschen. Jedes Kind sucht sich einen Platz an einem der Gruppentische. Es können immer vier bis sechs Kinder an einem Tisch sitzen. Wir decken die Tische vorher mit bunten Tischdecken und achten darauf, Teller, Gläser und Besteck ordentlich zu verteilen. Auf jedem Tisch steht eine Karaffe mit frischem Wasser.

Um das Essen auszuteilen, gehen wir nacheinander mit den Töpfen und Schüsseln herum. Wir möchten nicht, dass die Kinder wieder aufstehen und sich ihr Essen selbst holen müssen, da das viel Unruhe mit sich bringt: Die Kinder sollen sich auf das gemeinsame Mittagessen konzentrieren können.

Jedes Kind wählt aus, wie viel es von der jeweiligen Speise essen möchte. Allerdings sollen alle von jedem Lebensmittel eine winzige Kostprobe nehmen, um es kennenzulernen. Wir achten darauf, dass die Kinder das Essen benennen und höflich mit uns und miteinander sprechen.

Beim Essen ist es uns wichtig, dass die Kinder sich leise unterhalten, sodass es angenehm ruhig im Raum ist und alle sich gut verstehen. Die Kinder sollen beim Essen nicht herumspielen. Allerdings ist es ganz selbstverständlich, dass sie erst lernen, ihr Besteck richtig zu benutzen. Wir helfen ihnen dabei.

Wer mit dem Essen fertig ist, legt sein Besteck auf den Teller und stellt den Becher dazu. Die Kinder warten, bis alle am Tisch fertig sind, und bringen dann ihr Geschirr zum Servierwagen.

Anschließend gehen die Kinder zum Zähneputzen und Händewaschen ins Bad.

Unser Haus – unsere Räume

Unser Haus ist als letztes in der Waldstraße nahe dem Bergwald gebaut worden. Das Haus ist umgeben von einem großen Außengelände mit Wiese, Beeten und vielen Büschen. Des Weiteren gibt es dort zahlreiche Spielmöglichkeiten, wie ein Holzspielhäuschen, einen großen überdachten Sandkasten, eine Hängematte, drei Schaukeln, eine Rutsche und einen am Boden liegenden Kletterbaum.

Im Haus mit etwa 200 Quadratmetern Fläche gibt es folgende Räume:

Im Eingangsflur befindet sich eine großzügige Garderobe mit Sitzbänken, Schuhfächern und Haken für jedes Kind. Zusätzlich hat jedes Kind ein Eigentumsfach und einen Briefkasten.

Eine kleine Theke mit Kaffee- und Teeautomat bietet den Eltern die Möglichkeit, sich in gemütlicher Atmosphäre auszutauschen. Stühle und ein Sofa stehen hier ebenfalls bereit. Ein kleines Nebenzimmer ist mit einem bequemen Schaukelstuhl und einem Sessel zum Stillen oder für kurze, ruhige Auszeiten bestimmt.

Der Eingangsflur öffnet sich zu einem größeren Gang, der durch seine Breite und das große Oberlicht zum Spielen einlädt. Wir haben an die Wände große Platten geschraubt, die den Kindern als Staffeleien oder Ausstellungsflächen dienen. Außerdem befinden sich an einigen Stellen Tast- und Klangspiele.

Die beiden Gruppenzimmer liegen einander gegenüber. Sie sind jeweils mit großen Fenstern ausgestattet, so dringt sehr viel Tageslicht hinein. Jede Gruppe hat einen kleinen Nebenraum, in dem Einzelangebote stattfinden.

Am Ende des Flurs befindet sich unsere Küche, die mit je einer Küchenzeile für die Erwachsenen und für die Kinder ausgestattet ist. So können wir gemeinsam kochen. Die Küche ist so groß, dass auch ein langer Esstisch Platz hat. Hier essen die Ganztageskinder gemeinsam zu Mittag.

Neben der Küche befindet sich unser Bad. Es gibt vier Toiletten, eine Dusche und vier große Waschbecken. In einer Ecke ist ein Wickelplatz eingerichtet und mit einer halbhohen Tür gesichert. Hier gibt es eine große Wickelfläche, Fächer für Wechselkleidung und Windeln sowie ein Waschbecken. Die Kinder können über eine Trittleiter selbstständig (unter Aufsicht) auf die Wickelfläche steigen.

Im Keller unseres Hauses befindet sich neben einem Materialraum der große Werkraum. Hier gibt es Werkbänke und Waschbecken, damit alle Arten von Werk- und Bastelangeboten stattfinden können.

Unser großer Bewegungsraum befindet sich ebenfalls im Keller. Wir haben ihn mit einem Filzteppich auslegen lassen, damit die Kinder auch barfuß toben können und zugleich der Schall gedämmt wird.

Für das Personal gibt es einen Teamraum, eine Toilette mit Dusche und ein Büro im ersten Stock des Hauses. Außerdem befindet sich dort auch ein größerer Raum, in dem Fortbildungen auch für andere Kitas, Kurse und unsere Elternabende stattfinden.

Unser pädagogischer Ansatz beruht auf den pädagogischen Ideen der Mater Margarete Schörl (1912–1991). Im Wesentlichen besteht er aus drei Schwerpunkten:

Raumteilverfahren

Unsere Gruppenräume sind in mehrere Spielecken gegliedert: Puppenecke, Bauteppich, Mal- und Basteltisch, Kuschelecke. Diese Spielecken können nach aktuellen Bedürfnissen der Kinder variieren. Durch die Spielecken haben die Kinder die Möglichkeit, aus der Großgruppe auszutreten und sich allein oder in Kleingruppen zu beschäftigen.

Das Spielmaterial stellen wir für die Ecken entsprechend zusammen, sodass die Kinder Anregung zum Rollenspiel finden. Dabei bieten wir mehr Material an als vorgefertigte Spielsachen, damit Raum für eigene Fantasie bleibt. Wir achten darauf, dass die Spielmaterialien stets sauber sind und an ihren vorgegebenen Platz geräumt werden.

Spielzeiten

Um den Kindern einen Tagesrhythmus zu bieten, der ihnen Sicherheit und zugleich Freiheit bietet, sind unsere Spielzeiten sind in zwei Phasen gegliedert:

Morgens nach dem Bringen spielen die Kinder ruhig im Gruppenraum. Sie beschäftigen sich mit allem, wozu sie Lust haben, laufen allerdings nicht wild durch den Raum, damit die Atmosphäre entspannt bleibt. Diese Zeit hilft den Kindern, anzukommen und sich zurechtzufinden.

Nach dem Morgenkreis gehen die Kinder ins Freispiel, es gibt verschiedene Angebote und wir besuchen in Kleingruppen den Bewegungsraum.

Vor dem Mittagessen gehen alle Kinder nach draußen, wo das Freispiel fortgesetzt wird. Die gesamte Freispielzeit bietet den Kindern die Möglichkeit, sich zu bewegen und ins Gespräch mit anderen zu kommen.

Nachgehende Führung

Wir sehen zunächst das Kind als eigenständiges Individuum. Wir beobachten es und lernen so, sein Verhalten zu verstehen und einzuordnen sowie seine Bedürfnisse zu erkennen. Nun können wir es führen, d. h. in seinen Tätigkeiten und Interessen unterstützen. Ziel ist dabei, durch Anerkennung und Vorleben von Mitmenschlichkeit ein Miteinander zu erreichen.

Frühstück

Zum Frühstück bringen sich alle Kinder etwas von zu Hause mit. Wir stellen Wasser, Tee (Kräuter- und milden Früchtetee) sowie gelegentlich Säfte zur Verfügung. Die Frühstückszeit ist gleitend, d. h., jedes Kind kann selbst entscheiden, wann es essen möchte, und sich an den eigens dafür ausgewiesenen Frühstückstisch setzen. Wir halten die Kinder dazu an, sich mindestens ein weiteres Kind zum Essen einzuladen, sodass immer mindestens zwei Kinder zusammen essen.

Freitags bereiten wir das Frühstück gemeinsam zu. Wir schneiden Obst und Gemüse und rühren Dips dazu an. So stellen wir ein frisches und optisch ansprechendes Büffet zusammen. Die Kinder können aber auch ihr mitgebrachtes Frühstück essen. An diesem Tag essen alle Kinder zur gleichen Zeit.

Mittagessen

Das Mittagessen findet um 12.30 Uhr gemeinsam statt. Wir beziehen das Essen von einer Bio-Catering-Firma, die sehr auf unsere Wünsche und Anregungen eingeht. So konnten wir erreichen, dass die Kinder gerne und gut essen. Grundsätzlich sind die Speisen überwiegend vegetarisch und ökologisch bewusst gekocht. Auf Wunsch gibt es auch vegetarisches, allergiebewusstes Essen oder Speisen ohne Schweinefleisch.

Nachmittagssnack

Kinder, die den ganzen Tag in unserer Einrichtung verbringen, können nachmittags noch einmal ein kleines Müsli oder einen Joghurt essen. Wir stellen auch täglich frisches Obst und Gemüsesnacks zur Verfügung. Gerne dürfen die Kinder auch selbst etwas mitbringen. So oft wie möglich bereiten wir gemeinsam einen gesunden Snack zu, etwa einen Obstsalat, selbst gemachten Joghurt mit Obstmus oder Brotaufstriche und selbst gebackenes Brot.

Die Zusammenarbeit mit den Eltern ist uns ein wichtiges Anliegen, denn wir sehen sie als Partner in der pädagogischen Arbeit für die Kinder. Von Anfang an versuchen wir, ein vertrauensvolles und offenes Verhältnis zu den Eltern aufzubauen, um stets in engem Kontakt zu bleiben.

Wir bieten dazu verschiedene Möglichkeiten:

✔ Tür-und-Angel-Gespräche – jederzeit für Kurzinfos möglich

✔ Gespräche nach Bedarf – mit Termin nach Absprache

✔ Entwicklungsgespräche – mindestens einmal pro Jahr, portfoliogestützt

✔ Gespräche mit anderen Kooperationspartnern – z. B. gemeinsames Gespräch mit Therapeuten oder Mitarbeitern des Jugendamtes, nach Terminabsprache

✔ Elternabende

✔ Bastelnachmittage – mit und ohne Kinder

✔ Elternhospitation – nach Absprache

✔ Elternmitarbeit – bei Festen und Feiern, bei Aktionen und Ausflügen sowie für besondere Angebote

✔ Elterncafé – täglich zur Bring- und Abholzeit geöffnet

✔ Pinnwände und Litfaßsäule – aktuelle Termine und andere Informationen, die die Gruppe und die Kita betreffen

✔ Elternpost – über die Briefkästen an der Kindergarderobe

Der Elternbeirat, den die Eltern zu Beginn eines Kindergartenjahres wählen, dient als Bindeglied zwischen den Eltern und dem pädagogischen Personal bzw. dem Träger. Folgende Aufgaben und Möglichkeiten hat der Elternbeirat:

✔ Mitorganisation von Festen und Feiern – nach Absprache mit dem Kita-Personal

✔ Beteiligung an der Erstellung/Überarbeitung der Kita-Konzeption

✔ Regelmäßige Teilnahme an Sitzungen des Trägers – zur Info über Neuerungen, zum Austausch

✔ Regelmäßiger Informationsaustausch mit dem Kita-Personal über Termine, Neuerungen usw. und die Möglichkeit der Mitsprache

✔ Regelmäßige Sitzungen der Elternbeiräte aller Gruppen – einmal pro Jahr findet eine Sitzung aller Elternbeiräte des Trägers statt

Möchte ein Kindergarten seine christliche Orientierung nach außen tragen, kann er das z. B. folgendermaßen in seinem Leitbild formulieren:

Der katholische Glaube bedeutet für uns, christliche Werte zu leben und weiterzugeben.
So sehen wir alle Kinder, egal welcher sozialer Herkunft, als gleichwertige Mitglieder unserer Gemeinschaft an, die es verdienen, mit Achtung und Interesse behandelt zu werden.
Wir leben ein soziales und von Rücksichtnahme geprägtes Miteinander vor. Dies bezieht auch die Eltern der Kinder ein, deren Lebensverhältnisse wir stets berücksichtigen. Wir sehen uns als pädagogische Einrichtung für Kinder und zugleich als Familienzentrum.
Auch die Räumlichkeiten und die Ausstattung unserer Kita sind geprägt von unserer christlichen Anschauung. So verzichten wir auf überflüssigen Konsum und reduzieren die Spielzeugangebote überwiegend auf Naturmaterialien und vielseitig einsetzbare Spielsachen, wie Bauklötze und Steckspiele.

Ein Kindergarten in einer Gemeinde, auch „Regelkindergarten" genannt, könnte sein Leitbild so formulieren:

Ich bin wertvoll, so wie ich bin!

Wir begrüßen in unserem Kindergarten jedes Kind mit seiner individuellen Persönlichkeit, seinem Temperament, seinen Interessen und Fähigkeiten.
Wir sehen unsere Aufgabe als Pädagogen in erster Linie darin, die Kinder individuell zu unterstützen und zu bilden, aber auch darin, sie in das soziale Miteinander einer Gemeinschaft zu führen.
Dafür bieten wir den Kindern eine möglichst ansprechend vorbereitete Umgebung und Angebote, die alle Sinne ansprechen. Selbstständiges Lernen und Handeln der Kinder steht dabei stets im Vordergrund.
Die Kinder lernen aber auch, sich als Teil der Gesellschaft für ihre Umgebung, die Natur und Umwelt, verantwortlich zu fühlen. Vermittlung von Wissen und aktive Angebote in der Natur dienen dazu, den Kindern ein positives Gefühl für ihre Umwelt zu vermitteln.

Unser Leitspruch lautet:

Alleine achtsam – gemeinsam glücklich!

Der Kinderhort „St. Dominic" arbeitet in enger Kooperation mit der Grundschule „Sieben Engel" zusammen. Zum Ende eines jeden Schuljahres arbeiten wir gemeinsam mit den Lehrern einen Kooperationsplan aus, der ein Programm für das kommende Schuljahr enthält. Dabei orientieren wir uns in Grundzügen an einem immer wiederkehrenden Schema, um auch alle Bereiche abzudecken.

Ziel dabei ist stets, den Kindern zu ermöglichen, nach ihren individuellen Bedürfnissen zu lernen und sich weiterzuentwickeln. Außerdem möchten wir erreichen, dass die Kinder nachmittags möglichst viel freie Zeit zum Spielen haben. Deshalb achten wir darauf, dass sie ihre Hausaufgaben wissen, zügig erledigen können und sich dabei wohlfühlen.

Zu den Kooperationsangeboten gehören:

✔ regelmäßige Gespräche zwischen Lehrern und Erzieherinnen

✔ Teilnahme an Festen und Feiern der jeweiligen Einrichtung

✔ gemeinsame Veranstaltungen, wie Flohmarkt, Feste, Elternabende

✔ Hospitation in der jeweiligen Einrichtung

✔ Austausch über die Hausaufgabensituation (schriftlich über ein Mitteilungsheft)

Kooperationen bereichern Ihre Arbeit.

Fortbildungen

Wir verstehen unsere Arbeit in der Kita „Sonnenschein" als ständige Lehrzeit. So ist es uns wichtig, immer weiter zu lernen und zu verstehen. Jedem Teammitglied stehen pro Kalenderjahr fünf Fortbildungstage zu. Einen Tag verbringen wir gemeinsam bei einer Fach-Schulung, z. B. zum Thema *Konzeption erstellen*. Ein Abend ist jährlich für den Erste-Hilfe-Kurs reserviert.

Alle 14 Tage trifft sich das gesamte pädagogische Team zur Besprechung. Themen sind u. a.:

✓ Angebote und Aktionen, wie Feste und Feiern

✓ Fallbesprechungen

✓ Personalfragen

✓ Anschaffungen

✓ Termine

Leiterinnenkonferenz

Einmal monatlich treffen sich die Leitungen aller Gemeindekindergärten des Landkreises im Wechsel in einer der Einrichtungen. Hier tauschen Sie sich über Leitungsaufgaben aus und bringen sich gegenseitig auf den neuesten Stand, was aktuelle Entwicklungen, Richtlinien und Gesetze angeht.

Fachbücher

Zur Weiterbildung und als Ideenfundus haben wir eine kleine Fachbibliothek angelegt, die wir auch anderen Kitas und interessierten Eltern öffnen. In Kooperation mit dem Kita-Bildungs-Verlag erhalten wir mehrmals jährlich kostenlos neue Fachbücher und bedanken uns dafür mit einer Rezension. So haben wir einen guten Einblick in die neuen Entwicklungen und Tendenzen im Bildungswesen.

Portfolio

Jedes Kind führt mit unserer Hilfe sein eigenes Entwicklungsportfolio. Wir beobachten alle Kinder gezielt und können so ihre Entwicklung mit Lerngeschichten und anderen Beiträgen dokumentieren.

Beobachtungen und schriftlich protokollierte Fallbesprechungen werden als wichtige Dokumente bei uns verwahrt und dienen nur dazu, das Kind in seiner Entwicklung bestmöglich zu unterstützen.

1. Deckblatt

2. Vorwort: Leitgedanke, Grußwort, Umgang mit der Konzeption, gesetzlicher Hintergrund

3. Rahmenbedingungen: Räume und Träger, Personal, Qualifizierung, zeitliches Angebot, Kosten, Verpflegung, Gruppenstärke

4. Pädagogische Arbeit: Ziele, Umsetzung, exemplarischer Tagesablauf

5. Eingewöhnung und Ablösung/Übergang

6. Zusammenarbeit mit den Eltern: Gespräche, Elternabend, Hospitation

7. Zusammenarbeit mit anderen Institutionen

8. Öffentlichkeitsarbeit, Feste und Feiern

9. Qualitätssicherung: Fortbildung (Seminare und Fachliteratur), Supervision, Reflexion, Dokumentation

Tipp

Eine Tagespflegestelle, die nur von einer Person geleitet wird, sollte in der Konzeption auch auf diese Tagesmutter näher eingehen. Schreiben Sie Ihre Vita, Ihren beruflichen Hintergrund und evtl. auch Ihre Familienverhältnisse in die Konzeption.

1. Deckblatt

2. Vorwort: Leitgedanken, Grußwort, Umgang mit der Konzeption, gesetzlicher Hintergrund

3. Rahmenbedingungen: Räume und Träger, Personal, Öffnungs- und Schließzeiten, Kosten, Verpflegung, Gruppenstärke

4. Pädagogische Arbeit – die drei Säulen der Hortarbeit (familienergänzend, freizeitergänzend und schulergänzend) oder – Bildung, Erziehung und Betreuung: Ziele, Umsetzung, exemplarischer Tagesablauf

5. Übergänge und Kooperationen: Kita – Hort – Schule

6. Zusammenarbeit im Team: Strukturen, Absprachen, Teamsitzungen, Praktikanten

7. Zusammenarbeit mit anderen Institutionen: Schule, andere Horte und Kitas, Gemeinde, Heilpädagogen, Therapeuten usw.

8. Öffentlichkeitsarbeit, Feste und Feiern

9. Qualitätssicherung: Fortbildung (Seminare und Fachliteratur), Supervision, Reflexion, Dokumentation

Checkliste „Konzeption"

1. Vom Träger gelesen/Grußwort ☐

2. Vom Vorstand gelesen/Grußwort ☐

3. Vom Elternbeirat gelesen/Grußwort ☐

4. Deckblatt mit Datum versehen ☐

5. Kontaktdaten aktualisiert ☐

6. Vorwort/Einleitung geschrieben ☐

7. Gesetzliche Vorgaben aktualisiert ☐

8. Alle wichtigen Funktionen und Personen erwähnt
   (Träger, Vorstand, Gemeinde, Stadt, Beirat, Sponsoren …) ☐

9. Schwerpunkt und Leitbild deutlich gemacht ☐

10. Alle Bildungsbereiche ausreichend erläutert ☐

11. Öffnungs- und Schließzeiten, sowie die Kosten aktualisiert ☐

12. Alle Bild- und Textrechte eingeholt ☐

13. Richtig zitiert und alle Zitate belegt ☐

14. Inhaltlich abschließend geprüft (von _____ am _____) ☐

15. Abschließende Fehlerkorrektur durchgeführt (von _____ am _____) ☐

16. Formal abschließend geprüft (von _____ am _____) ☐

17. Termin für die nächste Überarbeitung der Konzeption festgelegt (_____) ☐

© Verlag an der Ruhr | Yvonne Wagner | ISBN 978-3-8346-2532-8 | www.verlagruhr.de

Literaturverzeichnis und Medientipps

Böcher, Hartmut (Hrsg.); Ellinghaus, Britta; König, Eva; Langenmayr, Margret; Österreicher, Herbert; Rödel, Bodo; Schleth-Tams, Elke; ter Haar, Christine; Wagner, Yvonne:
Erziehen, bilden und begleiten.
Das Lehrbuch für Erzieherinnen und Erzieher.
Bildungsverlag EINS, Köln, 2013, 2. Auflage.
ISBN 978-3-427-40275-6

Braun, Ulrich; Zindel, Manfred
In: **Frühkindliche Bildung**, C 2.1 Eine Bildungskonzeption entwickeln. Konzeptionsbeispiele aus der Praxis, Dr. Josef Raabe Verlag, Stuttgart, 2006.

Duden 1. Die deutsche Rechtschreibung.
Das umfassende Standardwerk auf der Grundlage der neuen amtlichen Regeln: Band 1.
Bibliograhisches Institut Mannheim, 2006,
24. Auflage.
ISBN 978-3-411-04015-5

Groot-Wilken, Bernd:
Konzeptionsentwicklung in der KiTa.
Herder Verlag, Freiburg, 2011.
ISBN 978-3-451-32309-6

Krenz, Armin:
Konzeptionsentwicklung in Kindertagesstätten – professionell, konkret, qualitätsorientiert –
Bildungsverlag EINS, Köln, 2008.
ISBN 978-3-427-40101-8

Textor, A. M.:
Sag es treffender.
Rowohlt, Reinbek, 2002.
ISBN 978-3-499-61388-3

Tietze, Wolfgang; Viernickel, Susanne (Hrsg.); Dittrich, Irene; Grenner, Katja; Groot-Wilken, Bernd; Sommerfeld, Verena; Hanisch, Andrea:
Pädagogische Qualität in Tageseinrichtungen für Kinder
Ein nationaler Kriterienkatalog (4. Auflage)
Cornelsen Schulverlage, Berlin, 2013.
ISBN 978-3-589-24535-2

Links

http://de.wikipedia.org/wiki/Konzeption

http://office.microsoft.com/de/word-help/erstellen-oder-aktualisieren-eines -inhaltsverzeichnissen-HP010368778.aspx

http://www.archenoahgladenbach.de/konzept.html

http://www.duden.de/woerterbuch

http://www.gesetze-im-internet.de/sgb_8/__22a.html

http://www.kita-elstal.de/page2/page2.html

http://www.wald-kreativ-kiga.de/?Wald-Kreativ-Kindergarten:Konzept

Bildnachweise

Anmerkung der Autorin zum Gebrauch der weiblichen Form:

In diesem Buch habe ich durchgängig die weibliche Form gewählt, wenn es um das Kita-Team ging. Obwohl inzwischen immer mehr junge Männer den Beruf des Erziehers wählen, ist die überwältigende Mehrheit der Beschäftigten in Kindergärten, Kitas und Horteinrichtungen dennoch weiblich. Es erschien mir deshalb sinnvoll, nur die weibliche Form zu benutzen.

Yvonne Wagner

Nach ihrer Ausbildung zur Erzieherin arbeitete Yvonne Wagner in verschiedenen sozialpädagogischen Einrichtungen. Das Schreiben hatte sie schon während der Schulausbildung für sich entdeckt und mit dem Herausgeben und Füllen von Schülerzeitungen ausgelebt.

Seit einigen Jahren schreibt sie Bücher für Erzieherinnen. Dabei versucht Yvonne Wagner theoretisches Wissen für die Praxis aufzubereiten. Es ist ihr wichtig, dass Erzieherinnen und Kinderpflegerinnen ihre Ideen sofort anwenden können und viele weitere Anregungen daraus schöpfen. Allerdings wünscht sie sich auch, dass sie die theoretischen Hintergründe ebenso lesen und darüber nachdenken, bevor sie sie umsetzen. Gerne tauscht sie sich über Texte und Ideen aus. Besuchen Sie sie auf ihrer Website: www.y-wagner.de

Verlag an der Ruhr

Postfach 10 22 51
45422 Mülheim an der Ruhr

Telefon 030/89 785 235
Fax 030/89 785 578

bestellungen@cornelsen-schulverlage.de
www.verlagruhr.de

Es gelten die Preise auf unserer Internetseite.

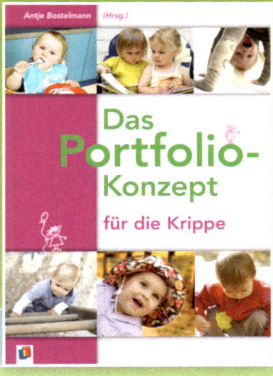
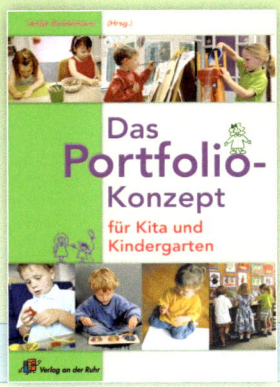

Verlag an der Ruhr

Postfach 10 22 51
45422 Mülheim an der Ruhr

Telefon 030/89 785 235
Fax 030/89 785 578

bestellungen@cornelsen-schulverlage.de
www.verlagruhr.de

Es gelten die Preise auf unserer Internetseite.

■ Elternabend in Kita und Krippe mal anders!

Einfach vorbereiten – professionell durchführen – lebendig gestalten
Ulrike Lindner
104 S., A 4, Paperback, farbig, mit CD-ROM
ISBN 978-3-8346-0724-9

■ Achtung Eltern! im Kindergarten

Typische Konflikte mit Eltern und wie man damit umgeht
Antje Bostelmann
128 S., A 4, Paperback, farbig
ISBN 978-3-8346-0344-9

■ Wirkungsvolle Eltern- und Öffentlichkeitsarbeit für die Kita

Ulrike Lindner
144 S., A 4, Paperback, farbig
ISBN 978-3-8346-0918-2

■ Eltern informieren, überzeugen und begeistern

Kita-Projekte originell dokumentiert – Flyer, Einladungen und Aushänge – Präsentationen mit Aha-Effekt!
Ulrike Lindner
112 S., A 4, Paperback, farbig
ISBN 978-3-8346-0827-7

■ Themenelternabende in der Kita lebendig gestalten

anschauliche Praxisbeispiele, einfache Vorbereitungshilfen, praxiserprobte Materialien
Ulrike Lindner
128 S., A4, Paperback, farbig
ISBN 978-3-8346-2412-3

■ Klare Worte finden – Elterngespräche in der Kita

professionell vorbereiten, kompetent kommunizieren, Konflikte entschärfen
Ulrike Lindner
128 S., A 4, Paperback, farbig
ISBN 978-3-8346-2355-3

■ Die Stress-weg-Box für Erzieherinnen

25 kreative Ideen zum Motivieren, Entspannen und Kraftschöpfen
Melanie Fehring
25 gefalzte A6-Karten in Klappbox
ISBN 978-3-8346-2426-0

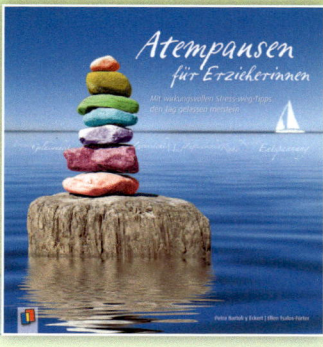

■ Atempausen für Erzieherinnen

Mit wirkungsvollen Stress-weg-Tipps den Tag gelassen meistern
Petra Bartoli y Eckert, Ellen Tsalos-Fürter
144 S., 21x22 cm, Paperback, farbig
ISBN 978-3-8346-2219-8

Keiner darf zurückbleiben